Wenn Gäste kommen

Der unbekannten Köchin, dem unbekannten Koch.

Wolfram Siebeck

WENN GÄSTE KOMMEN

Die schönsten Ideen der besten Hobbyköche

Rezepte und Menüvorschläge aus dem
Wettbewerb im ZEITmagazin

Eichborn.

© Vito von Eichborn GmbH & Co. Verlag KG, Frankfurt am Main, April 1993.
Umschlaggestaltung: Rüdiger Morgenweck unter Verwendung eines Fotos von Richard Stradtmann.
Fotos: Richard Stradtmann.
Redaktion: Waldemar Gregor Thomas
Gesamtgestaltung: Rosemarie Lauer
Satz: Fuldaer Verlagsanstalt GmbH, 36003 Fulda
Druck und Bindung: Offizin Andersen Nexö, Leipzig
ISBN 3-8218-1327-X
Verlagsverzeichnis schickt gern:
Eichborn Verlag, Kaiserstr. 66, D-60329 Frankfurt am Main

INHALT

Vorwort
»Es ist unglaublich, wie gut die Leute kochen!«
9

Die sechs Siegermenüs
17

208 Rezepte der besten Privatküchen

Kalte Vorspeisen und Salate
72

Suppen
87

Warme Vor- und Zwischengerichte
100

Fische
114

Geflügel
134

Fleisch, Wild, Innereien
147

Fonds, Gemüse und Beilagen
168

Desserts
174

Register
191

Alle Rezepte und Menüs, die in dem vorliegenden Buch versammelt sind, entsprechen sowohl bei den Mengenangaben als auch bei den Zubereitungsanleitungen den Originaleinsendungen der Teilnehmer des Wettbewerbes.

VORWORT

»Es ist unglaublich, wie gut die Leute kochen!«

Im Jahr des Perlhuhns, 1981, rief ich die Leserinnen der ZEIT zum ersten Mal zu einem Kochwettbewerb auf. Was sonntags in deutschen Töpfen kochte, wollte ich erfahren, und bekam über fünfhundert ausführliche Antworten. Sonntags – das meint das besondere Essen, das Festmahl, welches Kinder in erwartungsfrohe Aufregung versetzt und in der kochenden Hausfrau brachliegende Fähigkeiten aktiviert. Die Alltagsküche ist ja aus den bekannten Gründen (keine Zeit, kein Personal) nicht gerade das, wovon Feinschmecker träumen. Auch bei mir zu Hause nicht. Aber sonntags – oder wenn Gäste kommen – sieht das anders aus. Bereits drei Tage vorher findet die erste Konferenz statt:

»Was hast du dir eigentlich dabei gedacht, Hansgert zusammen mit Semmlers einzuladen? Du weißt doch, daß er allein es auf zwei Flaschen Wein bringt!«
»Wir müssen ja nicht gerade den Tignanello anbieten…«
»Den sowieso nicht. Ich dachte an Fisch als Hauptgericht.«
»Was, kein Lammcurry?«
»Das haben Semmlers hier schon gegessen.«

»Welchen Fisch denn? Hecht in Sahne?«
»Nein, Sybille achtet zu sehr auf ihre Figur. Ich denke an Saibling in der Folie.«
»Au ja – und dazu Kartoffelpüree mit Olivenöl!«
»Damit du dich wieder daran überfrißt? Nein, Nudeln.«
»Ich glaub', ich hör' nicht recht: Nudeln?«
»Hast du vergessen, was wir zu essen bekommen, wenn wir bei Semmlers sind? Oder bei Dr. Biermann, oder bei Klaus und Antje?«
»Schon gut! Warum laden wir sie denn nicht gleich zum Italiener ein?«
»Weil es zu teuer ist. Meinst du, ich würde sonst von morgens bis abends in der Küche stehen?«

Der nächste Tag ist dann ausgefüllt mit Besorgungsfahrten. Ob unsere Gastgeber in der Großstadt wohnen oder auf dem Land, im Supermarkt an der Ecke finden sie nicht, was sie als gut genug für ihre Gäste ansehen. Das vor allem war ein Problem, mit dem sich ZEIT-Leser 1981 herumschlagen mußten. Diese Schwierigkeiten gibt es heute in den Großstädten nicht mehr. Die Märkte quellen über von den ausgefallensten Früchten, Gemüsen und Gewürzen; in Spezialgeschäften finden wir vom Kichererbsmehl über Zitronengras bis zum sardischen Rohmilchkäse alles, und das Angebot an Fisch, Wild und Geflügel läßt nichts zu wünschen übrig.

Auch in Kleinstädten hat ein Metzger oder ein Viktualienhändler Möglichkeiten, die bessere Sorte zu besorgen. Nicht von allen Produkten allerdings; und er muß dringend, um nicht zu sagen: ultimativ dazu aufgefordert werden:

»Ist es Ihnen möglich, mir für Samstag sechs Tauben zu besorgen?«
»Tauben? Danach fragt hier niemand.«
»Nun, ich frage ja danach. Können Sie die besorgen?«
»Weiß ich nicht. Da fahren Sie besser in die Stadt. Hier geht sowas nicht.«
»Hundert Kilometer für sechs Tauben? Sie haben doch auch französische Salami. Wer die bringt, kann der Ihnen nicht auch Tauben besorgen?«
»Da müßte ich mal fragen.«
»Aber ich brauche sie für Samstag!«
»Wenn Sie was Besonderes suchen: Am Donnerstag kriege ich frische Kalbsleber und -nieren. Wie wär's denn damit?«

Damals, 1981, war unter den eingesandten Rezepten ein einziges für gebratene Tauben. Es kam von einer Dame aus Bayreuth. Im nachhinein ein Wunder, daß dort Tauben im Handel gewesen sein sollten. Vielleicht war es die Gattin eines Magiers, der sie aus dem Zylinder zauberte. Ebenfalls einmalig war ein Rezept für Pferdefleisch. (In Buttermilch mariniert und im Ofen rosa gebraten.) Ein Fohlensteak dürfte heute noch schwieriger aufzutreiben sein als Tauben; jedenfalls ist es diesmal wieder nur eine Einsenderin, die den Mut hat, ein Stück vom Pferd auf den Tisch zu bringen. Dabei ist es gesünder als Rind, billiger dazu und von Ochsenlende nicht zu unterscheiden. Zur Not (wenn die Gäste Vorurteile haben) kann man es als Hirschkuh ausgeben, worunter man heute das Fleisch von Gazellen versteht, welche auf norddeutschen Weiden großgezogen werden. Schließlich sind nicht alle Esser so progressiv wie ZEITLeser:

»Sag mal, wie fandest du den Thunfisch?«
»Zart, aber trocken. Warum?«
»Ich weiß nicht. Hätte das nicht Haifisch sein können?«
»Wie kommst du denn darauf? So was macht Mausi nicht, daß sie uns Haifisch vorsetzt und ihn als Thunfisch ausgibt!«
»Aber Thunfisch ist doch dunkelrot, oder? Außerdem habe ich in einer Anzeige vom Kaufhof gelesen, daß sie Haifisch im Angebot haben.«
»Willst du mir noch nachträglich das Abendessen verderben?

Vorwort

*Ich fand's ganz lecker, nur wie gesagt, etwas trocken.«
»Vielleicht war es seine Idee. Ich erinnere mich, daß er uns mal einen Mouton-Rothschild vorgesetzt hat, der in Wirklichkeit nur ein Zweitwein von Mouton war.«
»Hör auf, sonst wird mir doch noch schlecht!«*

Ein Festessen für Gäste birgt also auch seine Gefahren. Eine davon ist die Komposition des Menüs. Werden die einzelnen Gänge nicht sorgfältig aufeinander abgestimmt, fehlt die Harmonie. Sahnesaucen beispielsweise sind in der deutschen Küche so beliebt, daß sie in vielen Menüs der Einsender zweimal vorkommen. Oder Linsen im ersten, Grünkern im zweiten Gang und eventuell noch Reis als Beilage zum dritten.

Aus den Einsendungen zu diesem Kochwettbewerb habe ich eine ziemlich präzise Vorstellung davon gewonnen, wie sich die Leidenschaft fürs gute Essen geographisch aufschlüsselt. Waren es zu Beginn der Achtziger Jahre noch überwiegend süddeutsche Haushaltungen, in denen aufwendig und ambitioniert gekocht wurde, so hat sich das merklich geändert: die meisten Einsendungen kamen aus dem norddeutschen Raum. Ob sie mal eben weiße Trüffel über selbstgemachte Nudeln hobeln, ob sie die Gräten mit einer Pinzette aus einer Lachsseite zupfen oder Heidschnuckenkeulen mit Knoblauch spicken – in Norddeutschland macht man sich derzeit die meiste Arbeit mit den Delikatessen. Die Süddeutschen gehen dafür häufiger in gute Restaurants. Münchener und Freiburger haben davon nun mal eine größere Auswahl als die Hamburger.

Leser aus den neuen Bundesländern haben sich bis auf drei Ausnahmen nicht beteiligt; bei ihnen stehen zur Zeit noch andere Dinge im Vordergrund. Schließlich haben auch die Bürger der alten Bundesrepublik fast zwanzig Jahre gebraucht, bis sie erkannten, daß große Küche erst jenseits der Weihnachtsgans beginnt.

In westdeutschen Küchen geht es heute erstaunlich multikulturell zu. Frankreich und Italien sind zwar immer noch die Quellen, aus denen kochende Frauen und Männer ihre Inspirationen beziehen. Aber wie Deutsche in der Welt herumkommen, verrät der erstaunlich hohe Anteil an exotischen Rezepten. Ob japanisch, chinesisch, afrikanisch oder arabisch – sie waren überall und haben gelernt, die jeweilige Landeskü-

che in ihr Küchenrepertoire einzubringen. Den Italienreisen verdankt das geschmorte Kaninchen eine Vorzugsstellung in den eingesandten Festmenüs und, natürlich, die Ravioli. Interessant ist, daß es überwiegend Männer sind, deren Liebe der italienischen Küche gilt, während Frauen den Kochstil der Franzosen bevorzugen und, mehr als die Männer, von ostasiatischen Rezepten fasziniert sind.
Die Rezepte aus fernen Küchen halte ich für eine große und wichtige Bereicherung der deutschen Privatküche. In Ihnen zeigt sich eine fast selbstverständliche Weltläufigkeit der Einsender. Darüber hinaus empfinde ich die sich darin ausdrückende Neugier als eine Absage an provinzielle Beschränktheit, welche gern als Verteidigung von Traditionen ausgegeben wird – auch wenn es sich um die Tradition der Einbrenne handelt.
Dennoch habe ich es bedauert, daß so wenig Versuche gemacht wurden, der deutschen Küche von vorgestern auf die Beine zu helfen. Wo sind die Königsberger Klopse? Warum hat es niemand gewagt zu beweisen, daß auch die geschmähten Kutteln delikat sein können? Was ist mit dem Sauerbraten und der Roulade? Beide wären es wert, von ambitionierten Hausfrauen und kühnen Hausmännern verfeinert zu werden, so daß sie auch in einem festlichen Menü durchaus am Platze wären!

»Hmmmm, das schmeckt ja wie... ich meine, was ist das?«
»Das habe ich in einem alten Kochbuch gefunden: Karpfen in Bier. Was da herausschmeckt, sind die Pfefferkuchen.«
»Pfefferkuchen? Ich dachte, es wäre Ingwer.«
»Geh mir bloß weg mit diesem exotischen Kram! Die deutsche Küche hat es nicht nötig, Anleihen im Ausland zu machen.«
»Also war es doch eine Steckrübensuppe, die wir vorhin gegessen haben?«
»Nein, das war eine Artischockencrème.«
»Ein Lieblingsgericht Friederichs des Großen, vermute ich?«
»Schon möglich. Will noch jemand ein Bier?«

Waren es beim ersten Kochwettbewerb vor allem Lehrerinnen, die die Aufsatzhefte ihrer Schüler am liebsten in der Küche korrigierten, während sie das Garen der Lammkeule überwachten, so räumen diesmal Ärztinnen erst einmal die Knoblauchpresse zur Seite, bevor sie zum Stethoskop greifen. (Herr Doktor rumort derweil im Weinkeller.) Die Aufzählung der von Ärztinnen eingereichten Leckereien bestätigt meine Vermutung, daß gutes Essen so gesundheitsschädlich nicht sein kann.

Noch eine geschlechtsspezifische Unterscheidung haben die Rezepte und die beigelegten Briefe ergeben: Männer würzen intuitiv, sozusagen mit geschlossenen Augen; auch bei festen Zutaten kommt es ihnen auf 50 Gramm mehr oder weniger nicht an. Ungenaue Mengenangaben, wie sie bei mir immer wieder vorkommen, stören sie nicht. Frauen dagegen werden nervös, wenn sie in einer

Vorwort

Kochanweisung keine präzisen Angaben über Gramm und Milliliter finden. Ich kann dazu nur sagen: Trauen Sie (außer beim Backen) *niemals* den Mengenangaben, auch wenn sie von einem Meisterkoch stammen. Der Saft einer halben Zitrone kann ein oder zwei Eßlöffel sein; frischer Curry schmeckt viel aromatischer als alter, und drei Eier sind manchmal so viel wie vier kleinere. Beim Rotwein (zum Marinieren) oder beim Essig sind die Qualitätsunterschiede wichtiger als eine genaue Mengenangabe.

Wein spielt in der Küche der am Kochwettbewerb Beteiligten eine große Rolle, das versteht sich von selbst. Wenn Frau Teufel aus Bad Wurzach beispielsweise einen Ochsenschwanz mariniert, so weiß sie, daß ein Barbera der dafür beste Wein ist. Überhaupt hatten die sechs Preisträger, die ihre Menüs der Jury vorkochen mußten, ganz präzise Vorstellungen von den Weinen, die sie zu den einzelnen Gängen servieren würden. Bei den Einsendern insgesamt sind italienische Weine am beliebtesten, dann französische, und erst auf dem dritten Platz rangieren Weine aus deutschen Anbaugebieten. Das ist bei den Rotweinen durchaus verständlich; die hervorragenden deutschen Weißweine aber leiden wahrscheinlich mehr unter den verwirrenden Angaben auf ihren Etiketten, als daß sie von, immerhin, hochqualifizierten Köchinnen und Köchen als nicht konkurrenzfähig angesehen werden könnten. Eine Ausnahme macht deutscher Sekt, der als Aperitif oder zum Abschluß oft getrunken wird. Die Festlichkeit eines Essens für Gäste wird nicht selten durch kleine Inszenierungen unterstrichen, wie man sie eigentlich nur im Hause professioneller Gastgeberinnen erwartet. (Was Gabriele Henkels alles mit der Hand macht.)

Handgeschriebene Speisekarten sind eher die Regel als die Ausnahme, wenn Gäste kommen. Besitzt einer der Gastgeber grafische Talente, ist es fast selbstverständlich, daß die Menükarten auch mit kleinen Vignetten verziert werden. Wie bei offiziellen Festmenüs üblich, steht oft links neben den Namen der einzelnen Gerichte der des jeweils dazu servierten Weins. Einige Gastgeber führen sogar eine Gästekartei. Darin wird jedes Essen protokolliert, woraus es bestand und was dazu getrunken wurde, und wer daran teilnahm. So vermeiden kluge Gastgeber, daß ein Gast jedesmal einen Lammrücken vorgesetzt bekommt, wenn er sich an den gedeckten Tisch setzt.

Auch auf dessen Dekoration verwenden die Gastgeber – hier sind es vor allem die Frauen – eine manchmal erstaunliche Sorgfalt. Ob bunte Wiesenblumen im Frühjahr, oder ganze Sträuße Thymian und Rosmarin im Sommer, oder im Herbst das goldene Laub der Bäume –, das Auge, welches bekanntlich mitißt, kommt nicht zu kurz, wenn Gäste kommen. Und das Ohr auch nicht:

»Suchst du die CDs fürs Essen aus?«
»Wie du siehst, bin ich dabei!«
»Darf ich dich bitten, nicht mit Vivaldi anzufangen, ›Die Vier Jahreszeiten‹ auf keinen Fall aufzulegen?«
»Was hast du gegen Vivaldi?«
»Nichts, gar nichts. Ich erinnere mich bloß an das Essen bei Martin, da gab's Vivaldi zum Aperitiv. Und zwar ziemlich viel.«
»Dafür hat er mit dem Sekt geknausert, ich weiß. Hast du einen bestimmten Wunsch?«
»Wieso ich? Du bestimmst doch, was gekocht wird. Also kümmere dich auch um die Musik!«
»Wie wär's mit ›When the saints go marching in‹? Ich meine, in dem Moment, wo sie zur Tür reinkommen.«
»Findest du das witzig? Außerdem ist es zu laut, zu aufdringlich. Errol Garner würde mir eher gefallen.«

»Ja, der paßt auch, wenn jemand anstatt Sekt lieber Sherry trinkt.«
»Und Astor Piazzolla zu den Shrimps!«
»Gut! Aber dann muß auch Pernod dran. Oder Safran!«
»Logisch! Und die ›Kleine Nachtmusik‹ zu den Raviolis.«
»Die würde ich fürs Dessert aufheben. Mozart – bei dem denkt doch jeder ans Café Dehmel.«
»Ist auch wahr. beim nächsten Mal werde ich versuchen, ein Menü für ›Tristan und Isolde‹ zu kochen. Was hältst du davon?«
»Nicht einfach! Auf Knoblauch wirst du da verzichten müssen.«
»Aber etwas Süß-saures als Hauptgericht, das würde die Stimmung treffen!«

Dieses Streben nach Perfektion ist den Menüvorschlägen aller in diesem Buch vertretenen Damen und Herren anzusehen. Wahr ist aber auch, daß Perfektion schwer zu erreichen ist. Nicht einmal bekannten Köchen gelingt jeden Tag ein Meisterstück.
So entsprachen denn auch von den Rezepten der fast fünfhundert Einsender nicht alle den Ansprüchen, die ein kritischer Gast stellen würde. Sogar beim Wettkochen der vier Herren und zwei Damen wies die Jury auf einige Fehler hin. Da sie allgemeiner Art sind und somit immer wieder in allen Küchen (auch den professionellen) begangen werden, möchte ich

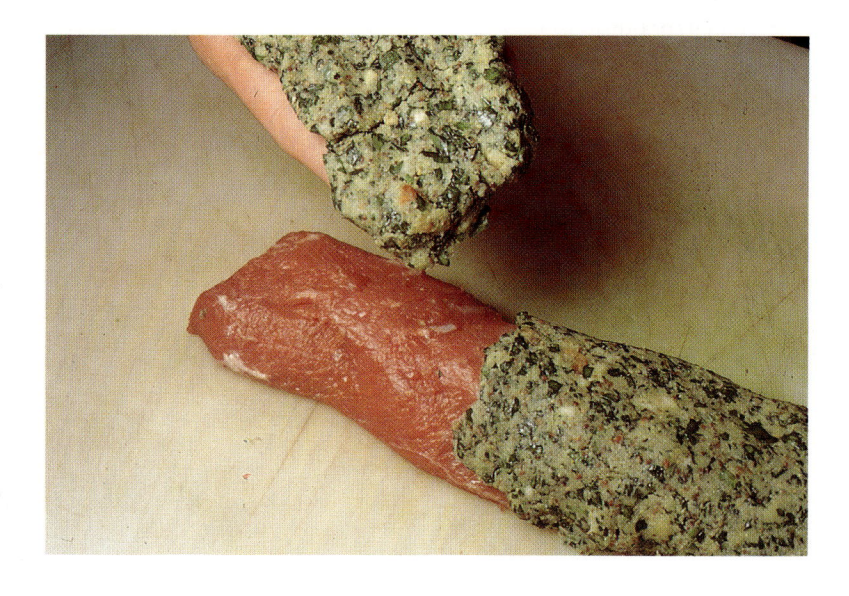

sie hier nennen. Betroffen sind vor allem die Saucen. Einige waren zu schwer. Entweder war ihr Butter- und Sahneanteil zu hoch, oder sie waren zu stark reduziert. Ein Saucenfond – ob vom Fisch oder vom Fleisch – ist eine feine Sache und in der besseren Küche unentbehrlich. Je stärker er eingekocht wird, um so konzentrierter wird sein Aroma. Gleichzeitig wird er allerdings auch immer wuchtiger, er klebt im Mund und sättigt kolossal, auch wenn er vorher total entfettet wurde. Das passiert gerade begeisterten Köchen oft, die es besonders gut machen wollen.

Eine andere Schwäche ist die Angst vor dem Würzen. Darunter leiden viele, auch routinierte Küchenchefs. Gemüse, denen Salz und Pfeffer fehlt, Sahnesuppen wie für kleine Kinder zubereitet, vom Knoblauch nur einen Hauch, vom Essig nur ein Tropfen, Öle ohne Aroma, Nudeln wie Weißbrot und Eintöpfe ohne Feuer – die Vorsicht ist die Mutter der Zaghaften. Gerade in unserer Zeit, wo die Nahrungsmittel kaum noch einen bemerkenswerten Eigengeschmack haben, ist entschiedenes Würzen wichtiger denn je.

Mit den Garzeiten hingegen, früher ein großes Hindernis auf dem Weg zur Perfektion, hatten die Einsender keine Schwierigkeiten. Das wissen sie heute alle, die sich um die Verfeinerung des Essens Gedanken machen, daß ein Fisch nicht zu heiß gebraten und nicht zu lange gekocht werden darf; sie praktizieren die Niedrigtemperaturmethode bei der Lammkeule ebenso selbstverständlich wie bei der Ente, und ein Kartoffelgratin, vor zwanzig Jahren in der deutschen Küche eine respekteinflößende Neuigkeit, gehört bei ihnen zur Alltagskost.

Dies war denn auch die erfreulichste, die wichtigste Erkenntnis beim Kochwettbewerb »Wenn Gäste kommen«, daß von den Teilnehmern auf hohem Niveau gekocht wurde und wird, daß phantasievolle Einfälle und technische Fertigkeiten zur Grundausstattung jener Deutschen gehören, die sich zur kulinarischen Qualität bekennen und damit zu einer zivilisierten Form des Lebens, die man eigentlich nicht erwartet, wenn man an deutsche Eßgewohnheiten denkt. Selbstverständlich handelt es sich dabei um eine kleine Minderheit; und möglicherweise werden sie die Invasion des Mittelmaßes und das Vordringen des schlechten Geschmacks nicht aufhalten können.

Aber sie und ihre Rezepte, ihr Bekenntnis zur Verfeinerung und ihre Entschlossenheit, sich nicht mit konfektionierten Menüs zufrieden zu geben, sind ein Signal: Eine Ermunterung für viele, die insgeheim ahnen, daß die tiefgefrorene Pizza nicht der Gipfel der Tafelfreuden sein kann, und die bereit sind, neben dem Fraß-Food noch eine andere, nicht so würdelose Art des Essens zu suchen.

Insofern sehe ich in den vorliegenden Menüs und Rezepten mehr als nur eine weitere Ansammlung von Kochvorschlägen. Sie können helfen, die Gleichgültigkeit gegenüber der Primitiv-Kost in Begeisterung für die bessere Qualität zu verwandeln.

Teilnehmer und Jury (von links nach rechts):
Cornelius Lange, Wolfram Siebeck, Anna Sgroi, Axel Henkel, Thomas Sommerkamp, Andreas Allermann, Gabriele Teufel, Wolf-Dietrich Brücker, Ursula Groß (es fehlt Fabian Lange).

Die sechs Siegermenüs

INGWER-LAUCH-SÜPPCHEN MIT RIESENGARNELEN

– Andreas Allermann, Reinbek-Ohe –

Zutaten:

1 EL Butter
1 EL dunkles Sesamöl
2 Schalotten, fein geschnitten
1 kleine Knoblauchzehe, fein gehackt
40 g Ingwer (fein gewürfelt)
1 EL Korianderblättchen
0,1 l trockener Weißwein
0,3 l Hühnerfond (s. Seite 168)
3 Stangen Lauch, gewaschen und klein geschnitten
0,2 l Sahne
8 frische Riesengarnelen
2 EL helles Sesamöl zum Braten
Salz
weißer Pfeffer
Korianderblättchen (Garnitur)

Zubereitung:

Butter und Sesamöl erhitzen und die Schalotten, den Knoblauch, den Ingwer und den Lauch andünsten, mit dem Weißwein ablöschen und etwas einkochen lassen.
Den Hühnerfond zufügen und 20 Min köcheln. Dann die Sahne und die Korianderblättchen zugeben und weitere 5 Min köcheln; mit Salz und frischem weißen Pfeffer würzen. Die Suppe kräftig pürieren und durch ein feines Haarsieb streichen. Die aus der Schale gebrochenen Garnelen der Länge nach halbieren, die Därme entfernen und in dem Sesamöl sanft anbraten.

Die Suppe unmittelbar vor dem Servieren schaumig aufmixen, auf die vorgewärmten Teller verteilen und mit den Garnelen sowie den Korianderblättchen anrichten.

Die sechs Siegermenüs

Steinpilzravioli in Hühnerfond

– Andreas Allermann, Reinbek-Ohe –

Zutaten:

frischer Nudelteig
50 g Mehl (Typ 405)
50 g ital. Hartweizenmehl
2 EL Steinpilzmehl (= pulverisierte Steinpilze)
1 EL Olivenöl
1 Ei
¼ TL Salz
ein paar Tropfen kaltes Wasser

Füllung:

20 g Butter
1 EL Traubenkernöl
150 g geputzte Steinpilze
20 g Schalotten, fein geschnitten
1 kl. Knoblauchzehe, fein gehackt
20 g Parmaschinken
0,1 l süße Sahne
½ TL Zitronenthymianblättchen
1 TL gehackte, glatte Petersilie
Salz, weißer Pfeffer
¼ l reduzierter und geklärter Hühnerfond (s. Extrarezept Seite 168)
Kerbelblättchen und blanchierte Steinpilzscheiben (Garnitur)

Zubereitung:

Die Nudelteigzutaten mischen und solange durchkneten (ca. 10 Min), bis ein elastisch-glänzender Teig entsteht. In Pergamentpapier einschlagen und ca. 30 Min ruhen lassen.
Butter und Traubenkernöl stark erhitzen und die in kleine Würfel geschnittenen Steinpilze kräftig anbraten. Hitze reduzieren, Schalotten und Knoblauch zugeben und andünsten; dann den sehr fein geschnittenen Parmaschinken zufügen und kurz weiterdünsten. Sahne angießen und sämig einköcheln lassen, mit wenig Salz und frischem, weißen Pfeffer abschmecken; dann die gehackten Kräuter zufügen und auskühlen lassen.
Den Nudelteig mit einem Nudelholz bzw. einer Nudelmaschine dünn ausrollen und ca. 5 x 5 cm große Quadrate herausschneiden.
Die Füllung in die Mitte setzen, je 2 Kanten mit Eigelb bestreichen und die Teigblätter zu Dreiecken zusammenklappen. Die Ravioli leicht andrücken, mit einem Teigrädchen abradeln und auf einem Tuch bereitlegen.
Die Ravioli in siedendes Salzwasser geben und ca. 3 Min garen; auf ein Sieb schütten, abtropfen lassen und anschließend auf vorgewärmte Teller verteilen.
Den erhitzten Hühnerfond zufügen und mit Steinpilzscheiben und Kerbelblättchen anrichten.

DIE SECHS SIEGERMENÜS

Rehkitzkeule auf Hagebuttensauce; Maisplätzchen und Mangoldbällchen

– Andreas Allermann, Reinbek-Ohe –

Zutaten:

für die Marinade:

1 Rehkitzkeule (ca. 1,5 kg)
4 EL Sonnenblumenöl
1 EL Rotweinessig
1 TL Korianderkörner, zerdrückt
5 Wacholderbeeren, zerquetscht
1 Thymianzweiglein
2 Orangenscheiben m. Schale, zerkleinert
1 Zimtstengel
1 Nelke
1 Lorbeerblatt, zerkleinert
10 Hagebutten, gesäubert und zerkleinert
50 g Butterschmalz
Salz, weißer Pfeffer

für die Hagebuttensauce:

0,4 l kräftiger dunkler Rehfond (s. Extrarezept Seite 168)
0,2 l trockener Rotwein (vorzugsweise chilenischer Cab. Sauv.)
0,1 l Portwein
4 EL Kalbsglace (= stark reduzierter Kalbsfond)
½ TL Hagebuttenkonfitüre
10 Hagebutten, gesäubert und halbiert
Salz, weißer Pfeffer
ein paar Tropfen alter Balsamessig

für die Maisplätzchen:

120 g frischer Zuckermais
1 Ei
10 g Mehl
0,2 l Milch
Zucker, Muskat, Salz, Pfeffer
Traubenkernöl

für die Mangoldbällchen:

8 Mangoldblätter
2 Möhren
1 Schalotte, fein gewürfelt
10 g Butter, 0,1 l Sahne
Zitronensaft, Salz, Pfeffer

Die sechs Siegermenüs

23

Zubereitung:

Aus dem Sonnenblumenöl, dem Rotweinessig, Koriander und Wacholder eine Marinade mischen. Die Rehkeule sorgfältig parieren und mit der Marinade einreiben. Thymianblättchen, Orangenstücke, Hagebutten, zerkleinerter Zimtstengel, Nelke und Lorbeerblatt über das Fleisch verteilen. Zugedeckt in einem kühlen Raum einen Tag stehen lassen.

Die Keule aus der Marinade nehmen, die Gewürze abstreifen und mit Küchenkrepp trocken tupfen. Mit Pfeffer und Salz einreiben und in einer schweren Pfanne im Butterschmalz bei mittlerer Hitze rundherum (ca. 15 Min) anbraten. In den auf 80° vorgeheizten Backofen schieben und ca. 2-2$\frac{1}{2}$ Stunden garen lassen.

Rehfond, Rotwein, Portwein, Kalbsglace sowie die Hagebuttenkonfitüre und die halbierten Hagebutten bei mittlerer Hitze ca. 30 Min köcheln und um $\frac{2}{3}$ reduzieren.

Dann die Hagebuttenhälften mit einer Schaumkelle herausfischen und die Sauce mit Salz und frischem Pfeffer abschmekken; evtl. noch weiter reduzieren.

Zum Schluß ein paar Tropfen alten Balsamico unterziehen. Den Zuckermais in Salzwasser »al dente« kochen, ca. $\frac{2}{3}$ der Masse grob pürieren und mit dem Eigelb, dem Mehl und der Milch verquirlen. Mit einer Prise Zucker, Muskat, Salz und Pfeffer abschmecken und das restliche $\frac{1}{3}$ der Maiskörner unterziehen. Die Masse etwas 10 Min ruhen lassen. Das Eiweiß steif schlagen und unter die Masse heben. Die Maisplätzchen in heißem Öl goldbraun backen.

Von den Mangoldblättern den Stielansatz herausschneiden.

Die Mangoldblätter in Salzwasser kurz blanchieren, in Eiswasser abschrecken, auf einem Tuch ausbreiten und trocken tupfen.
Die Mangoldstiele abziehen und quer zur Faser in kleine Stifte schneiden; die Möhren schälen und in Brunoise schneiden, in Salzwasser kurz blanchieren.

Die Schalottenwürfel in der Butter anschwitzen, das Mangold-Möhren-Gemüse und die Sahne zufügen und sämig einköcheln lassen. Mit Salz, frischem weißen Pfeffer und einem Spritzer Zitronensaft abschmecken.
Das Mangold-Möhren-Gemüse auf den Blättern verteilen (je zwei Blätter) und zu Bällchen formen.

Die Mangoldbällchen in einer Pfanne im Gemüsefond erwärmen, evtl. mit Butterflöckchen belegen.

Die rosa gegarte Rehkitzkeule in Scheiben schneiden und mit der Hagebuttensauce, den Maisplätzchen und Mangoldbällchen auf vorgewärmten Tellern anrichten. Mit Hagebutten garnieren.

Quarksoufflé mit Quitten

– Andreas Allermann, Reinbek-Ohe –

Zutaten:

für die Quittensauce:
0,5 kg Quitten (vorzugsweise Birnenquitten)
6 EL Quittengelee
0,2 l halbtrockener Weißwein (möglichst Vouvray, demi-sec)
0,2 l süßer Weißwein (möglichst Beerenauslese)
1 EL Zitronensaft
0,1 l Rosé-Champagner

für die Quittenspalten:
200 g Quittenspalten
3 EL Quittengelee
1 EL Zitronensaft
0,2 l halbtrockener Weißwein (möglichst Vouvray)

für die Quarkmasse:
100 g Quark (20% Fettgehalt)
50 g Zucker
10 g Mehl
10 g Trockenmilchpulver
0,1 l Milch
1 Eigelb
10 g Vanillezucker
1 Prise Salz
geriebene Zitronenschale ($1/2$ Zitrone)
2 Eiweiß und 30 g Puderzucker
weiche Butter
süße Brösel
gefettete Pergamentstreifen (4 cm breit)
Zitronenmelisse

Zubereitung:

Quitten vierteln, Kerngehäuse sorgfältig entfernen und gründlich waschen (Schale!). Quitten in kleine Stücke schneiden und zusammen mit dem Weißwein, dem Gelee sowie dem Zitronensaft aufkochen und bei milder Hitze in ca. 30 Min weich garen.
Die Quitten kräftig pürieren und durch ein feines Haarsieb passieren.
Die Sauce mit Quittengelee und Zitronensaft abschmecken und abkühlen lassen.
Kurz vor dem Servieren den Rosé-Champagner unterziehen.
Die geschälten, geviertelten und vom Kerngehäuse sorgfältig befreiten Quitten waschen und in schöne Spalten schneiden. Weißwein, Quittengelee und Zitronensaft zum Kochen bringen, die Quittenspalten zufügen und bei milder Hitze in ca. 30 Min weich garen; die Quittenspalten im Sud auskühlen lassen. Vor der Weiterverarbeitung zum Abtropfen auf ein Sieb geben.
Quark, Zucker, Mehl, Milchpulver, Eigelb, Vanillezucker, Salz und geriebene Zitronenschale werden mit der Milch glattgerührt.
Die beiden Eiweiß mit dem Zucker zu steifem Schnee schlagen und unter die Quarkmasse ziehen.
Die Souffléförmchen mit weicher Butter auspinseln, die gefetteten Pergamentstreifen so in die Förmchen drücken, daß je 2 Laschen über den Rand stehen und mit süßen Bröseln ausstreuen.
In jedes Förmchen einen EL Quarkmasse geben, dann die gut trocken getupften Quittenspalten vorsichtig zufügen und die restliche Quarkmasse bis zu $3/4$ hoch einfüllen.
Die Soufflés im vorgeheizten Backofen im Wasserbad bei 180° ca. 20 Min backen.
Die kalte Quittensauce und die Quittenspalten auf kalten Tellern hübsch anrichten, die Soufflés an den Laschen vorsichtig aus den Förmchen heben und auf die Teller setzen; mit Melisseblättchen garnieren.

Die sechs Siegermenüs

KAROTTENCRÈMESUPPE

– Wolf-Dietrich Brücker, Köln –

1 Bund Karotten in Würfel schneiden und blanchieren. $^3/_4$ l Geflügelfond erhitzen. Eine kleingehackte Schalotte und Pistazienkerne in Butter anschwitzen. Alles zusammenrühren und mit dem Pürierstab zerkleinern. Salzen, pfeffern, einen Schuß Pastis dazu, Crème fraîche unterheben. Mit Basilikumblättern und ganzen Pistazienkernen garnieren.

Die sechs Siegermenüs

Steinbuttfilet mit Sauerkraut

– Wolf-Dietrich Brücker, Köln –

Für das Steinbuttfilet nehmen wir einen ca. 1,5 kg schweren Fisch. Da er recht groß ist, verwenden wir ein Backblech. Dieses wird ausgebuttert und mit in Scheiben geschnittenen Schalotten und Knoblauch belegt. Zwei Zweige Rosmarin und ein paar Salbeiblätter dazulegen. Darauf nun den Fisch, auf dem wir Butterflöckchen verteilen. In die Kiemen stecken wir noch ein Zweiglein Rosmarin. Zwei EL gutes Olivenöl darüber verteilen und in den auf 180° vorgeheizten Backofen schieben. Dort wird er innerhalb von 25-30 Min garen. 5 Min vor Schluß mit einem Glas Weißwein ablöschen.

Inzwischen waschen wir das Sauerkraut gründlich und dünsten es in Butter leicht an. Gute Sahne und etwas Kalbsfond angießen und sehr langsam köcheln lassen. Mit Salz und Pfeffer abschmecken. Ein Schuß Noilly-Prat verleiht ihm Feinheit.

Den Fisch filetieren und die Filets warm stellen. Den Kopf wegwerfen. Den Rest, also die Gräten, die Schalotten und den Knoblauch, die Kräuter und den Saft vermengen wir auf dem Backblech mehrere Minuten miteinander. Das bereitgehaltene Öl mit der Petersilie und dem Saft einer Zitrone zufügen. Das ganze jetzt durch ein Spitzsieb in eine Sauteuse pressen. Salzen, pfeffern, vielleicht noch mal einen Schuß Weißwein, sonst nichts. Erhitzen und über die Filets geben. Mit dem Sauerkraut auf heißen Tellern servieren.

Die sechs Siegermenüs

Wildente mit Linsengemüse und Kartoffelplätzchen

– Wolf-Dietrich Brücker, Köln –

Zuerst das Linsengemüse: Wir nehmen dafür kleine, grüne Linsen aus Le Puy. Sie werden in einen Topf mit reichlich Wasser gegeben. Aufkochen lassen. Das Wasser durch ein Sieb abgießen. Die Prozedur wiederholen. Beim drittenmal reicht es, wenn das Wasser die Linsen bedeckt. Lorbeerblätter, kleingewürfeltes Suppengemüse, eine mit drei Nelken gespickte Zwiebel und Knoblauch hinzufügen. Leicht köchelnd garen lassen (ca. ½ Stunde), Schaum abschöpfen. Lorbeerblätter und die Zwiebel mit den Nelken rausfischen. Salzen, pfeffern. Einen Schuß Rotwein hinzugeben und zwei EL Nuß- oder Trüffelöl. Mit Aceto Balsamico und Butter abschmecken. Ein wenig abgeriebene Orangenschale unterheben.

Zwei Wildenten haben wir schon im Laden mit weißen Speckscheiben umwickeln lassen. Man zerstoße eine Pfeffermischung aus fünf verschiedenen Sorten mit grobem Meersalz und reibe die Vögel innen und außen damit ein. Hinein legen wir ein kleines Stück Butter. Den Backofen auf 250° vorheizen und die Vögel ca. 35-40 Min braten.

Sauce: 1 Schalotte, 1 Knoblauchzehe, 6 Wacholderbeeren und 1 Lorbeerblatt in Butter anschwitzen. Mit Aceto Balsamico ablöschen. Mit Rotwein auffüllen und einkochen lassen. Durch ein Sieb streichen. Mit Wildfond auffüllen und wieder einkochen lassen. Nun mit Madeira abschmecken. 1 EL Crème double dazu und mit eiskalter Butter aufschlagen.
Kartoffelplätzchen: 8-10 mittelgroße Kartoffeln in der Schale kochen, schälen und durch die Kartoffelpresse drücken. Mit Salz, Pfeffer und Muskat würzen, durch Zugeben von 1-2 Eigelb einen geschmeidigen, aber nicht zu weichen Kartoffelteig herstellen. Rollen von ca. 7 cm Durchmesser formen, in Folie einschlagen und mindestens ½ Stunde kühl stellen. Dann in gut fingerdicke Scheiben schneiden und bei milder Hitze in Butter goldgelb braten. Die Enten von dem Speck (und der Schnur) befreien. Leider schmeckt der krosse Speck so gut, daß wir ihn immer mitessen. Fein ist das natürlich nicht. Die Brustfilets mit der Sauce begießen, das Linsengemüse und die Kartoffelplätzchen anlegen.

Die sechs Siegermenüs

Waldbeeren mit Mascarpone

– Wolf-Dietrich Brücker, Köln –

1 1/2 Pfd. Waldbeeren (Erdbeeren, Himbeeren oder anderes der Saison entsprechende Obst) wird gewaschen, geputzt und evtl. gezuckert (bei Erdbeeren ist brauner Zucker empfehlenswert und zugleich ein Gläschen Amaretto).

Dazu gibt es eine Mascarponecrème aus: 2 Eigelb, 2 EL Zucker, 100 g Mascarpone, knapp 1/2 Becher süße Sahne. Die Eigelb mit dem Zucker schaumig schlagen, Mascarpone unterrühren, die geschlagene Sahne unterziehen, mit einem Schuß Amaretto würzen, kühl stellen. Zum Servieren die Mascarponecrème auf großen Tellern verteilen, Früchte darauf geben und mit Amarettini garnieren.

Anmerkung:

Dazu trinken wir – ausschließlich aus Neigung und weil wir oft in diese Gegend reisen – Weißwein aus dem Südwesten Frankreichs, also einen »Buzet«, »Madiran« oder »Saint Mont« oder von der Côte du Rhône eine »Fourmone«. Von dort würden wir auch einen Rotwein vorschlagen, vielleicht aus Gigondas oder Vacqueras.

Die sechs Siegermenüs

Entenkraftbrühe mit Ravioli

– *Ursula Groß, Mutterstadt* –

Zutaten:

für die Kraftbrühe:

1 Ente (ca. 2 kg)
2 Zwiebeln
1 kleine Stange Porree
1 Möhre
1 Stückchen Sellerieknolle
½ Bund glatte Petersilie
1 Zweig Thymian
Salz, weißer Pfeffer
1 Prise Cayennepfeffer
2 EL Armagnac

für die Ravioli:

300 g Mehl
3 Eier
2 EL Öl
½ TL Salz
300 g Pfifferlinge
1 feingehackte Schalotte
1 EL feingehackte Petersilie
20 g Butter
Salz, weißer Pfeffer

Zubereitung:

Die ausgenommene, gewaschene Ente 5 Minuten in viel kochendem Wasser blanchieren, auf ein Sieb geben und mit kaltem Wasser abspülen. Die Ente in einen Topf mit 2 Liter kaltem Wasser legen, Zwiebeln mit Schale und das übrige Gemüse in Scheiben schneiden und mit den Stengeln der Petersilie und dem Thymian zur Ente geben. Aufkochen und drei Stunden mehr sieden als kochen lassen, abschäumen, filtrieren und nach dem Erkalten entfetten. Vor dem Servieren nochmals aufkochen und mit Salz, Pfeffer und Armagnac würzen.

Aus Mehl, Eiern, Öl und Salz einen Nudelteig zubereiten, falls nötig noch etwas Eiweiß zugeben. Eine Stunde ruhen lassen. Schalotte und Petersilie in Butter andünsten, Pfifferlinge sehr klein schneiden und mitdünsten, bis alle Flüssigkeit verdampft ist. Mit Salz und frisch gemahlenem weißem Pfeffer würzen. Ich habe eine handbetriebene Nudelmaschine mit Raviolivorsatz, damit stelle ich die Ravioli fertig. Ravioli ca. 8 Min in kochendem Salzwasser garen.
Kraftbrühe mit Petersilienblättchen und – je nach Größe – 4-8 Ravioli pro Person in Suppentellern anrichten.

Die sechs Siegermenüs

Jakobsmuscheln in Mangold auf Sauce au vin Blanc

– Ursula Groß, Mutterstadt –

Zutaten:

6 Mangoldblätter
4 große oder 8 kleine Jakobsmuscheln
180 g Seeteufelfilet
1 Ei
Salz, Cayennepfeffer
75 g Schlagsahne

für die Sauce:

1 Schalotte
100 ml trockener Weißwein
2 EL Noilly-Prat
400 ml Fischfond
250 ml Sahne
20 g eiskalte Butter in Stückchen
Salz, Cayennepfeffer
einige Tropfen Zitronensaft

für den Fond:

1 kg Karkassen von mageren Weißfischen
60 g Butter
3-4 Schalotten
das weiße von 2-3 Lauchstangen
1/2 Fenchelknolle
2-3 Petersilienwurzeln
1 Stange Staudensellerie
1/2 l Weißwein
kaltes Wasser
1 Lorbeerblatt
2-3 Stengel Thymian
1/2 TL weiße Pfefferkörner

Zubereitung:

Fischfond zubereiten: Kiemen entfernen, Karkassen abspülen und gut abtropfen lassen, in Butter anschwitzen, um Aromastoffe zu entwickeln. Geschnittenes Gemüse und dann die restlichen Zutaten zugeben, ca. 30 Min kochen lassen, dabei öfters abschäumen. Durch ein Tuch filtrieren. Nach dem Abkühlen entfetten.
Mangoldrouladen zubereiten: Mangoldblätter in siedendem Wasser 5 Sekunden sprudelnd kochen, in Eiswasser abschrecken und auf einem Küchentuch abtropfen lassen. Von den Jakobsmuscheln den orangefarbenen Rogen abtrennen, Fischfilet und Rogen in der Küchenmaschine pürieren. Das Ei zufügen und mit Salz und Cayennepfeffer würzen. Eine Stunde in einer Edelstahlschüssel kaltstellen. Schüssel in eine größere Schüssel mit Eiswürfeln stellen und Sahne einarbeiten. Die dicken Rippen von den Mangoldblättern herausschneiden. Mit je einem halben Blatt die Blattmitte verschließen. Fischfarce auf die Blätter streichen, Jakobsmuscheln darauflegen und die Blätter aufrollen. Topf mit Siebeinsatz zwei Zentimeter hoch mit Wasser füllen. Kurz vor dem Servieren Wasser aufkochen, Röllchen auf den Siebeinsatz legen und im geschlossenen Topf 8 Min dämpfen.
Sauce zubereiten: Schalottenstückchen mit Weißwein und Noilly-Prat aufkochen. Fischfond zugeben und auf ca. 1/3 reduzieren. Sahne zufügen, aufkochen und vorsichtig auf die richtige Konsistenz einkochen. Durch ein feines Sieb passieren. Kurz vor dem Servieren Sauce nochmals erhitzen, eisgekühlte Butterstückchen einrühren, mit dem Stabmixer aufschlagen. Vorsichtig mit Salz, Cayennepfeffer und Zitronensaft abschmecken.
Mangoldrouladen auf der Sauce auf vorgewärmten Tellern anrichten.

DIE SECHS SIEGERMENÜS

Rindsfiletbraten mit Petersilienwurzelsoufflé

– Ursula Groß, Mutterstadt –

Zutaten:

500 g Rindsfilet von gleichmäßiger Dicke
Olivenöl
Gewürzmischung aus 100 g Salz, je einem Mokkalöffel Curry und Paprika, 12 Umdrehungen weißem Pfeffer aus der Mühle, einer Spur Cayenne und einem TL Thymianblättchen
100 ml Rotwein
150 ml Kalbsjus
20 g kalte Butter
1 EL Mischung bunter Pfefferkörner

für den Kalbsjus:

3 kg kleingehackte Kalbsknochen
200 g Zwiebeln
100 g Tomatenmark

für das Petersilienwurzelsoufflé:

400 g feingewürfelte Petersilienwurzel
2 EL Butter
4 EL Sahne
Salz, Pfeffer, Cayenne

Zubereitung:

Kalbsjus zubereiten: Knochen in der Fettpfanne des Backofens bei 250° 1 Std. braun rösten. Knochen in einen großen Suppentopf füllen. Zerschnittene Zwiebeln auf dem Blech im Backofen glasig dünsten. Tomatenmark zufügen und braun werden lassen. Mit einem Liter Wasser loskochen, zu den Knochen geben. Mit weiteren vier Litern Wasser etwa 4 Std. kochen lassen. Abschäumen, durchsieben und abkühlen lassen. Nach dem Entfetten auf ca. 1 l einkochen lassen.
Fleisch braten: Fleisch mit Würzmischung würzen. Backofen auf 250° vorheizen. Das Fleisch in einem Bratentopf aus Gußeisen während ca. 2 Min auf allen Seiten anbraten. Im Ofen auf der mittleren Schubleiste ca. 13 Min braten und dabei öfters mit Bratöl begießen. Mein Backofen hat glücklicherweise ein eingebautes Bratenthermometer zur genauen Ermittlung der richtigen Bratzeit. Fleisch nach der Bratzeit im ausgeschalteten Backofen während ca. 12 Min durchziehen lassen, dabei – sehr wichtig! – in regelmäßigen Abständen wenden, damit der Saft nicht auslaufen kann. Dieser einfache Trick bringt phantastische Ergebnisse.
Sauce zubereiten: Überschüssiges Bratöl weggießen, Bratsatz mit Wein auflösen, um zwei Drittel reduzieren, Jus zufügen, kurz durchkochen lassen, durch ein feines Sieb passieren, die Butter einschwenken und Pfeffer zufügen.
Petersilienwurzelsoufflé zubereiten: Petersilienwurzel in Butter weichdünsten, mit Ei und Sahne im Mixer pürieren, mit Salz, Pfeffer und Cayenne abschmecken, in Souffléförmchen füllen und ca. 1 Std. im Wasserbad oder ca. 10 Min bei 400 W in der Mikrowelle garen. Genaue Garzeit durch Druck mit dem Finger ermitteln, vor allem bei der Mikrowellenmethode ist Vorsicht geboten, die Konsistenz soll zart, nicht gummiartig sein. Ich ziehe in diesem Fall die Mikrowellenmethode vor, denn ich habe selbst mehr vom Essen und von meinen Gästen, wenn ich bei einem längeren Menü immer nur an einem Gang arbeiten muß; auch ist dann der zeitliche Ablauf immer noch offen, eventuelle Verzögerungen oder unerwartet schnelle Esser bringen nichts durcheinander.
Fleisch aufschneiden und mit Sauce und Petersilienwurzelsoufflé auf vorgewärmten Tellern anrichten.

Die sechs Siegermenüs

41

EISGUGELHUPF

– Ursula Groß, Mutterstadt –

Zutaten:

5 Eigelb
140 g Zucker
500 ml Sahne
2 Vanilleschoten
16 selbstgebackene Mandelmakronen (aus 100 g Zucker, 100 g abgezogenen, gemahlenen Mandeln und 2 Eiweiß)
60 g beste Zartbitterschokolade, fein gehackt
50 g gehackte Mandeln
50 g gehackte Pistazien
12 Amarenakirschen oder in Amaretto eingelegte Süßkirschen

Zubereitung:

100 ml Sahne mit zwei aufgeschlitzten Vanilleschoten aufkochen und noch 10 Min bei milder Hitze ziehen lassen, dann abkühlen. Eigelbe mit Zucker auf dem heißen Wasserbad sehr schaumig schlagen, bis der Zucker gelöst ist, dann auf Eiswasser kalt rühren. Restliche Sahne steifschlagen. Makronen zerbröckeln. Sämtliche Zutaten mit Ausnahme der Kirschen unter die Eimasse rühren. In einer Gugelhupfform gefrieren. Vor dem Servieren Form kurz in heißes Wasser tauchen, dann stürzen. Je eine Scheibe Gugelhupf mit drei Kirschen auf einem Teller anrichten. Der Rest könnte theoretisch problemlos wieder eingefroren werden ...

Die sechs Siegermenüs

Taubensuppe mit gehobeltem Knoblauch

– Cornelius Lange, Mainz, und Fabian Lange, Hannover –

Zutaten:

für die Suppe:

Drei Täubchen
3 EL Olivenöl
1 Stange Lauch (ohne die dunklen Blätter)
1 mittlere Zwiebel
2 Karotten
1 Stück Sellerie (100 g)
1 Tomate
1 Zweig Thymian
10 zerstoßene Pfefferkörner (schwarze)
Salz
1 frische Zehe Knoblauch zum Hobeln

für die Grießklößchen:

50 g weiche Butter
100 g Grieß
1 Ei
1 EL Wasser
1 Prise Salz
1 Messerspitze Muskat
Butter für den Topf

Zubereitung der Taubensuppe:

Taubenbrüste auslösen. Die Karkassen zerhacken, in Olivenöl leicht anbraten, das geputzte und kleingeschnittene Gemüse zufügen und anschwitzen. Mit kaltem Wasser aufgießen bis alles bedeckt ist. Langsam erhitzen, Schaum abschöpfen und insgesamt 90 Min simmern lassen. Die Suppe durch ein Sieb gießen und entfetten. Eventuell noch durch ein Tuch laufen lassen, um alle Schwebstoffe zu entfernen.
Wichtig: Die Suppe erst ganz zum Schluß vorsichtig salzen!

Zubereitung der Grießklößchen:

Die Butter mit dem Ei schaumig schlagen. Den Grieß einrühren, Wasser zugeben und würzen. Die Masse 30 Min anziehen lassen.
Mit zwei nassen Löffeln – es klebt dann nicht so – ovale Bällchen formen und in einen gut gebutterten Topf legen. Nun mit bereits kochendem Wasser auffüllen, zehn Minuten köcheln und anschließend weitere fünf Min ziehen lassen.
Anmerkung: Nur wenn das kochende Wasser zu den Klößchen gegeben wird und nicht umgekehrt, erreicht man eine exakt gleichmäßige Garzeit.
Wichtig: Es ist sinnvoll, vorher ein Probeklößchen zu kochen.

Zubereitung der Taubenbrüste:

Das Fleisch schwarz pfeffern, salzen und in viel Butter auf jeder Seite zwei Min braten. Vor dem Tranchieren mindestens fünf Minuten ruhen lassen.

Anrichten:

Die Suppe in die Teller füllen und die Grießklößchen hineinlegen.
Das schräg tranchierte Brustfleisch fächerartig einlegen. Zum Schluß je drei hauchdünne Knoblauchscheiben dazugeben.

Die sechs Siegermenüs

Hechtrolle auf Safran

– Cornelius Lange, Mainz, und Fabian Lange, Hannover –

Zutaten:

für die Hechtrolle:

1 Hecht (800 g)
200 g Sahne
400 g Spinat (großblättrig)
2 Eier
1 EL Pernod
Muskat
Salz
6 EL geriebenes halbtrockenes Weißbrot
2 Eiweiß

für den Safranspiegel:

100 g Crème fraîche
1 Döschen Safran, gemahlen (0,2 g)
2 EL trockener Weißwein
Salz
Zucker
1 Eigelb
Saft einer halben Zitrone

Zubereitung der Hechtrolle:

Hechtrolle bedeutet in diesem Fall nichts anderes als Terrine. Nur kommt hier statt der üblichen Terrinenform ein Blattgemüse ins Spiel, um der Hechtfarce ihre Form zu geben. Spinatblätter 15 Sekunden blanchieren und in Eiswasser abschrecken. Nur so behalten sie ihre tiefgrüne Farbe. Auf Küchentücher legen und sehr gut trocknen lassen. Ein ca. 50 cm langes Stück Aluminiumfolie ausbreiten. Darauf aus den Spinatblättern eine 30 x 50 cm große, mehrlagige Fläche schichten.

Den Hecht filieren, so gut es geht von seinen Gräten befreien. Das Hechtfleisch kleinmixen und anschließend die anderen Zutaten dazugeben (Sahne, Eier, Muskat, Salz, Pernod). Erst jetzt die Brotkrümel und das steifgeschlagene Eiweiß vorsichtig unterheben. Einen passenden Topf mit Wasser zum Kochen bringen. Ideal ist ein länglicher Fischkocher. Die Farce nun mit einem Küchenspachtel etwa 1 cm dick auf die Spinatblätter auftragen; dabei Löcher vermeiden und an den Rändern 3 cm Platz lassen. Jetzt die Folie an einer der kurzen Seiten hochnehmen und die Spinatfläche so aufrollen, daß eine Spirale entsteht. Die Alu-Folie natürlich nicht mit einwickeln! An den Rändern verschließen und gleich in das kochende Wasser geben. 20 Min ziehen lassen.

Wichtig: Alle Farce-Zutaten müssen so kalt wie möglich verarbeitet werden! Das Hechtfleisch darf ruhig angefrostet sein. Die Rolle nicht zu fest wickeln, denn sie wird beim Garen etwas aufgehen.

Anmerkung: Das Verhältnis von Fisch und Sahne/Ei-Anteil läßt sich verschieben. Wer es hechtiger haben will, nimmt weniger Sahne – wer den Süßwasserschreck eher dezent liebt, nimmt etwas mehr Sahne. Dabei ist aber auf die Ei-Konzentration zu achten.

Zubereitung des Safranspiegels:

Die Crème fraîche erwärmen. Bis auf das Eigelb alle Zutaten zufügen, abschmecken und etwas reduzieren. Abkühlen lassen. Jetzt das Eigelb einquirlen und unter stetigem Rühren wieder erhitzen, bis sich eine cremige Bindung einstellt.

Anrichten:

Von der Safransauce einen schönen runden Klecks in die Mitte eines jeden Tellers setzen. Darauf eine oder zwei dünne Scheiben der Hechtrolle plazieren.

Die sechs Siegermenüs

47

Lammrücken und Rosmarin-Glace mit Orangen-Wirsing und Serviettenknödel

– Cornelius Lange, Mainz, und Fabian Lange, Hannover –

Zutaten

für den Lammrücken:

1 ausgelöster Lammrücken (mit Knochen ca. 1,5-2 kg schwer)

für die Persillade:

100 g weiche Butter
2 EL Pommery-Senf (grober Senf, mittelscharf)
1 TL schwarzer Pfeffer, grob
2 gestrichene TL Meersalz
6 EL sehr fein gehackte Petersilie (glatt ist besser als kraus)
4 EL halbtrockenes geriebenes Weißbrot

für die Rosmarin-Glace:

Sämtliche Rückenknochen, zerkleinert (je feiner desto besser)
Die Parüren (Fleischabschnitte vom Rücken)
Dazu: Tomaten, Zwiebeln, Sellerie, Lauch, Karotten, Knoblauchzehen, Thymian, Petersilienstengel, ein Rosmarinzweig
Öl zum Anbraten
Madeira
Cayenne-Pfeffer
Gemahlener Rosmarin

für den Wirsing:

1 schöner Kopf Wirsing (außen dunkelgrün)
5 EL Crème fraîche
Salz
1 EL Zucker
Saft einer halben Zitrone
Muskat
Hauchdünn geschnittene Schalenstreifen einer unbehandelten Orange (ca. 2 EL)

Die sechs Siegermenüs

für den Serviettenknödel:

6 Scheiben Kastenweißbrot (2 Tage alt)
2 Scheiben Mischbrot
Milch zum Befeuchten
2 Eier
Muskat
1 TL frischer Majoran
1 Zehe frischer Knoblauch
Schwarzer Pfeffer
Salz
Eine Prise Zucker

Rosmarin-Glace:

Die zerkleinerten Knochen werden zusammen mit den von viel Fett befreiten Parüren in einem Bräter kräftig angeröstet. Haben die Knochen Farbe angenommen, wird das Öl abgegossen. Nun die gewaschenen und zerkleinerten Gemüse sowie die übrigen Zutaten hinzufügen und anschwitzen. Mit Wasser aufgießen bis alles bedeckt ist. Zum Kochen bringen, dabei den Schaum abschöpfen und zwei Stunden köcheln lassen. Eventuell Wasser nachgießen. Anschließend durch ein Sieb geben und den Fond stark reduzieren. Zum Schluß sollte nicht mehr übrig sein als der Inhalt von etwa zwei Kaffeetassen! Erst jetzt salzen und mit Madeira, Cayenne-Pfeffer und gemahlenem Rosmarin abschmecken.
Der darf deutlich hervorschmecken.

Persillade und Lammrücken:

Aus sämtlichen Zutaten eine streichfähige Masse kneten. Damit werden die beiden Rückenstränge kräftig einmassiert und komplett umhüllt. Den Backofen auf 250° vorheizen (mehr kann auch nicht schaden). Die beiden Stränge auf das Backblech legen und auf der obersten Schiene fünf bis sieben Minuten braten.

Wichtig: Das Fleisch muß vorher Zimmertemperatur haben und darf sich beim Braten nicht berühren.

Orangen-Wirsing:

Einen großen Topf mit kräftig gesalzenem Wasser zum Kochen bringen. Den Wirsing entblättern, dabei die äußeren Blätter nicht verwenden. Zuerst die dunkleren Blätter in den Topf werfen. Nach zwei Minuten die Helleren folgen lassen. Nach acht bis zehn Minuten – der Wirsing sollte einen leichten Biß haben – im Eiswasser abschrecken, von den Mittelsträngen befreien und anschließend sehr gut trocknen lassen. Währenddessen alle übrigen Zutaten zu einer Crème rühren und vorsichtig erwärmen. Eine Kasten- oder Terrinenform bereitstellen. Diese Form wird zuerst mit den dunkelsten der Wirsingblätter gefüllt. Nach drei Schichten mit der Orangen-Crème beträufeln, dann die helleren Blätter hineinlegen, Aromacrème dazu und so fort, bis die Form gefüllt ist. Mit Aluminiumfolie abdecken. Anmerkung: Es lohnt sich, die Wirsingblätter bereits beim Trocknen nach Farbton zu ordnen.

Serviettenknödel:

Die Brotscheiben anrösten und in 2 x 2 cm große Würfel schneiden und in eine große Schüssel geben. Mit der Milch befeuchten, bis das Brot keine weitere Feuchtigkeit aufnehmen kann. Die restlichen Zutaten untermischen und abschmecken. Die Masse vorsichtig durcharbeiten und nicht wie einen Teig kneten. Zwei Baumwoll- oder Leinentücher mit kaltem Wasser befeuchten. Die Brotmischung auf der linken oder rechten Kopfseite der Tücher 5 cm breit verteilen. Dann einrollen und an den Seiten wie einen Knallbonbon zubinden. 15 Min in kochendem Wasser ziehen lassen.

Anrichten:

Den Wirsing 25 Min bei ca. 70° im Backofen aufwärmen, für zehn Min das Fleisch dazustellen. Auf keinen Fall heißer! Den Serviettenknödel für zehn min in heißes Wasser legen, und zwar immer noch im Tuch. Die Rosmarin-Glace aufwärmen. Alles auf vorgewärmten Tellern anrichten.

Apfelstrudel mit Cardamomsauce

– Cornelius Lange, Mainz, und Fabian Lange, Hannover –

Zutaten

für den Apfelstrudel:

200 g Mehl
1 EL Butter
Salz
125 ml lauwarmes Wasser
1 Ei
800 g Cox Orange
1 Zitrone
Calvados
Eine Handvoll kleine, in Portwein eingelegte Rosinen
150 g Zucker
30 g Zimt
50 g gemahlene Haselnüsse
50 g Semmelmehl
100 g Butter

für die Cardamomsauce:

3 Eier
300 ml Sahne
ca. 1 TL Cardamom
Zucker

Zubereitung des Apfelstrudels:

Aus Mehl, Butter, Salz, Ei und dem lauwarmen Wasser einen Strudelteig herstellen, der sich auf Papierstärke ausziehen läßt. Den Teig eine Stunde ruhen lassen.
Die Äpfel schälen, vierteln und in dünnste Scheiben schneiden. Dann mit der Schale, dem Saft der Zitrone und dem Calvados marinieren. Das Semmelmehl zusammen mit den Haselnüssen anrösten. Die Butter in die etwas abgekühlte Mischung einarbeiten. Jetzt den Strudelteig ausziehen, auf ein Tuch legen und so zurechtschneiden, daß er eineinhalb mal so lang wie breit ist. Die Röstmischung auf dem Teig verteilen, darauf die Äpfel geben und mit den restlichen Zutaten bestreuen. Darauf achten, daß die Teigränder ca. 5 cm unbedeckt bleiben. Den Teig mit Hilfe des Tuches zusammenrollen, das Ende mit etwas Wasser bepinseln und dadurch verschließen. Die Querseiten zuammenkneifen. Den Strudel wieder mit Hilfe des Tuches auf ein gefettetes Backblech legen und bei mittlerer Hitze 20 Min garen. Dabei ab und zu mit Butter bestreichen.

Anmerkung: Die Äpfel sollen auf jeden Fall noch einen leichten Biß haben.

Cardamomsauce:

Die Eigelbe mit dem Zucker im Wasserbad schaumig schlagen. Nebenbei die Sahne mit dem Cardamom erwärmen. Die aufgeschlagenen Eigelbe dazugeben und auf dem Feuer abrühren bis sich eine sämige Konsistenz einstellt. Die Eiweiße steifschlagen und unter die Cardamom-Mischung heben.

Anrichten:

Zwei daumenbreite Scheiben Apfelstrudel auf einen Saucenspiegel legen.

Die sechs Siegermenüs

HATTINGER TÖTTCHEN
(Rahmsuppe von Kalbszunge)

– Thomas Sommerkamp, Hattingen –

Zutaten:

1 Kalbszunge
1 l Fleischbrühe
200 cl Crème double
2 Frühlingszwiebeln
2 cl Orangenlikör
3 Nelken

Zubereitung:

Die Zunge in der Fleischbrühe mit den Nelken und dem Likör in ca. 2 Std garkochen.
Die Zunge häuten, in kleine Stückchen schneiden. Die Brühe durchseihen und etwas einkochen, mit Salz und Pfeffer abschmecken.
Vor dem Servieren Brühe mit dem Fleisch erhitzen, kleingeschnittene Frühlingszwiebeln und die Crème double einrühren, nicht mehr kochen.

Die sechs Siegermenüs

BERTRAMFISCH
(Lachsschaum mit Estragon)

– Thomas Sommerkamp, Hattingen –

Zutaten:

100 g geräucherter Lachs
3 Eigelb
100 cl süße Sahne
1 TL Meerrettich
5 Eiweiß
Mehl
ein Bund deutscher Estragon

Zubereitung:

Den Lachs mit den Eigelb, der Sahne und dem Meerrettich im Mixer oder mit dem Zauberstab zerkleinern.
Eine flache Auflaufform ausbuttern und bemehlen, die Lachsmasse einfüllen, bei milder Hitze ca. 20 Min garen.
In der Form in Rechtecke schneiden und auf dem Teller mit den gewaschenen, von den Stielen gezupften, aber nicht zerkleinerten Estragonblättern großzügig bestreuen.

Die sechs Siegermenüs

Steinhagener Nickelkes, Schlodderkappes und Stemmelkort
(Geschmortes Stallkaninchen, Wacholdercrème, Wirsingkartoffeln und Möhrenplätzchen)

– Thomas Sommerkamp, Hattingen –

Zutaten:

1 Stallkaninchen
Wildfond
200 cl Fleischbrühe
Wacholderschnaps
200 cl Crème fraîche
Butterfett
500 g Kartoffeln
Milch
1 halber Wirsing
5 Eiweiß
500 g Möhren
1 Eigelb
etwas Mehl
ein Bund Pfefferminze

Zubereitung:

Das Kaninchen zerteilen, in Butterfett anbraten, mit der Fleischbrühe und dem Wacholderschnaps zugedeckt 30 Min schmoren lassen. Warm stellen. Schmorflüssigkeit entfetten, Wildfond zugießen und kräftig einkochen. Mit Crème fraîche binden, mit Salz, Pfeffer und etwas Schnaps abschmecken. Evtl. mit Zuckerkulör färben. Salzkartoffeln stampfen und mit Milch zu einer recht weichen Masse rühren.

Vom Wirsing nur die hellen Teile (nicht den Strunk) sehr fein schneiden und roh mit dem steif geschlagenen Eiweiß zu der Kartoffelmasse geben.
Die Möhren in Streichholzstifte schneiden, mit etwas Wasser, Salz und Zucker knapp garkochen, abkühlen lassen. Eigelb mit Mehl und der gehackten Pfefferminze verrühren und mit den Möhren mischen.
Von beiden Massen je einen Eßlöffel in nicht zu heißes Butterfett geben und zugedeckt ausbacken.

Die sechs Siegermenüs

KUSEMALENG MIT LIPPISCHEM PICKERT
(Marinierte Früchte auf Quark mit Buchweizen-Pfannkuchen)

– Thomas Sommerkamp, Hattingen –

Zutaten:

1 kg Äpfel (Cox Orange, Granny Smith)
500 cl Orangensaft
100 cl Wein
Cardamom
1 kg Quark
200 g Makronen ohne Kokos (oder Amaretti-Plätzchen)
200 g Pumpernickel
2 Zitronen
200 cl Schmand
2 Vanillestangen
Milch
Weinbrand
350 g Buchweizenmehl
350 cl Kaffee
2 Eier

Zubereitung:

Die Äpfel sehr klein stückeln und eine Woche in Orangensaft mit Wein, Weinbrand und zerstoßenen Cardamomkörnern marinieren.
Im Mixer den Quark mit Zitronensaft, Makronen, Pumpernickel, Schmand, Weinbrand und etwas Milch, in der die Vanilleschoten ausgekocht wurden, pürieren.
Das Buchweizenmehl mit dem Kaffee und den Eiern glattrühren, in reichlich Butterfett bei milder Hitze zu einem sehr dicken Pfannkuchen backen. Kalt werden lassen, allseitig entrinden, in Streifen schneiden. Früchte erhitzen, mit den Streifen auf dem Quark anrichten.

Die sechs Siegermenüs

61

Kräuterpastete

– Gabriele Teufel, Bad Wurzach-Haidgau –

Zutaten:

350 g gehacktes Kalbfleisch
250 g gekochter Schinken, kleingeschnitten
250 g Wurstbrät
Salz, Pfeffer, 1 Zweiglein Thymian, 1 Knoblauchzehe
100 g Petersilie, Schnittlauch
einige dünn geschnittene Speckscheiben (durchwachsen) zum Auslegen der Form und zum Bedecken

Zubereitung:

Gehacktes Kalbfleisch, kleingeschnittener Schinken, Wurstbrät, Kräuter und Knoblauch gut vermischen (ich schmecke noch mit etwas Cognac ab). Eine Terrine mit den Speckscheiben auslegen, Fleischteig hineingeben, mit einem Spatel glattstreichen.
Die Form auf einem feuchten Küchentuch vorsichtig einige Male fest hinstellen, damit der Teig gut zusammensinkt – ist später fürs Aufschneiden wichtig. Mit den restlichen Speckscheiben bedecken, bei mittlerer Hitze ca. 1 Std und 15 Min backen.

Wenn der austretende Saft klar und hell aussieht, ist die Pastete fertig. Zum Abkühlen lege ich auf die nach oben gewölbte Pastete ein kleines Brett, das ich beschwere, damit sie fest wird. Am besten am Tag zuvor zubereiten, damit sie gut durchgezogen ist. Für den Hausgebrauch mache ich die doppelte Menge.

Die sechs Siegermenüs

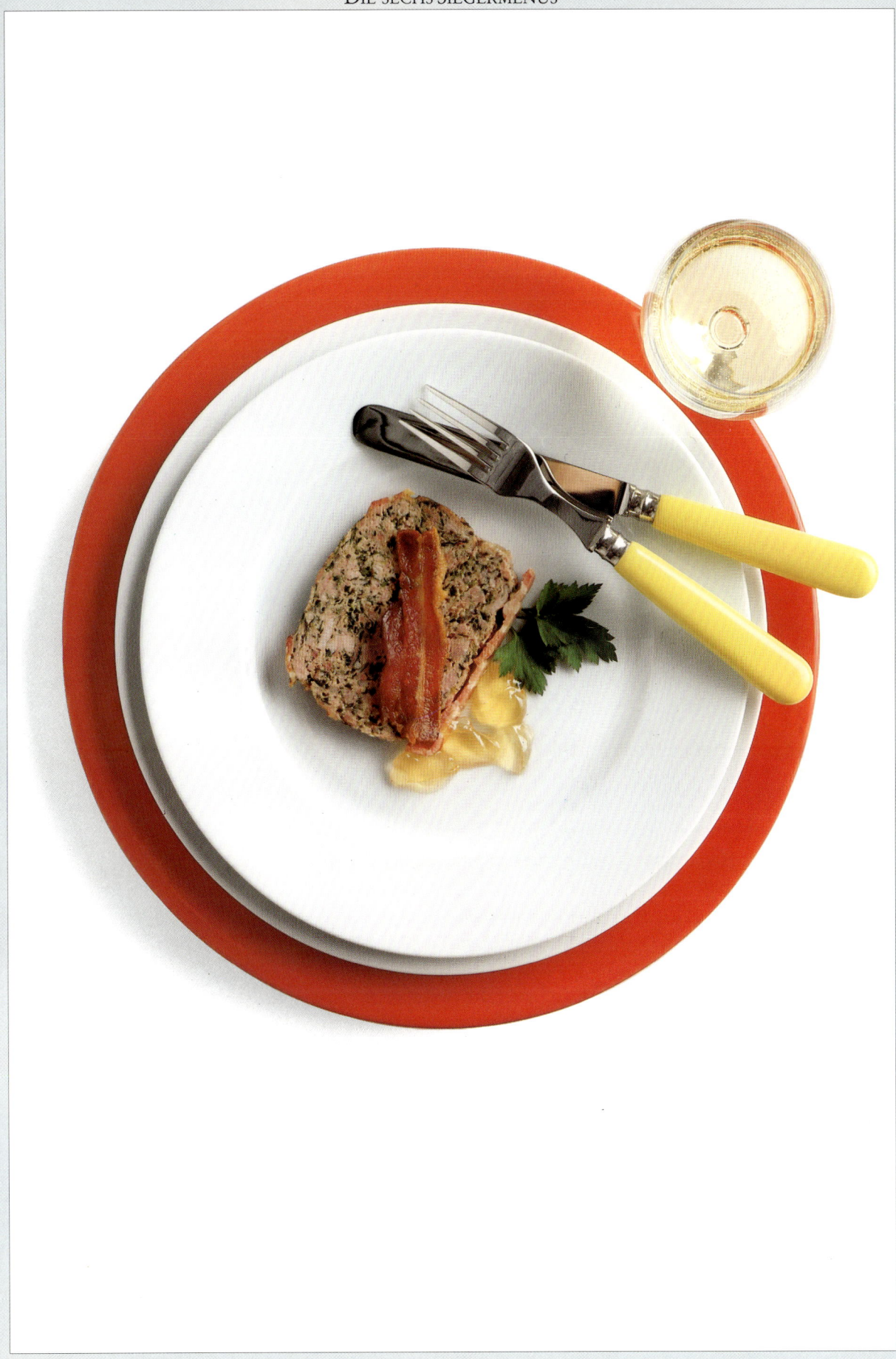

QUARK-SPINAT-KLÖSSCHEN (Gnocchi) MIT FRISCHEM TOMATENMUS

– Gabriele Teufel, Bad Wurzach-Haidgau –

Zutaten:

500 g Spinat
350 g Ricotta oder ganz trockener Magerquark
3 gehäufte EL geriebener Parmesan
3 Eier
Salz, Pfeffer, Muskat
3 EL Weizenmehl (Aurora »Urweizen«)
1 l Fleischbrühe

Tomatenmus

Zutaten:

1 mittlere Zwiebel
1 Knoblauchzehe
etwas Selleriegrünes
Basilikum
3 EL Olivenöl (extra vergine)
600 g aromatische Tomaten
Salz, Pfeffer, Zucker, Zitronensaft

Zubereitung:

Den Spinat putzen, grobe Stiele entfernen und waschen. Nur mit dem anhaftenden Wasser im großen Topf erhitzen, bis die Blätter weich sind. Dann durch ein Sieb in eine Teigschüssel passieren. Mit dem Ricotta oder Quark, 3 gehäuften EL Parmesan, Eiern, Salz, Pfeffer und Muskat vermengen. Soviel Weizenmehl zugeben, daß ein fester Teig entsteht. Daraus mit zwei Löffeln oder den Handflächen kleine Klößchen formen.
Im Suppentopf die vorbereitete und entfettete Fleischbrühe erhitzen, dann die Klößchen darin garen, bis sie an der Oberfläche auftauchen.
Mit dem Sieblöffel herausnehmen.

Zubereitung:

Zwiebel schneiden, mit Selleriegrünem in Öl bei milder Hitze andünsten; die zerteilten, von Stiel und Butzen befreiten Tomaten zugeben. Die Kräuter und Gewürze dazu. Ohne weitere Zugabe von Flüssigkeit im eigenen Saft dünsten. Einkochen lassen.
Großzügig durchpassieren, damit Kerne und Hautreste nicht zu sehr gequetscht werden!
Evtl. nochmals einkochen lassen, abschmecken.
Die Teller mit Fleischbrühe benetzen, Gnocchi hineingeben, mit Tomatenmus krönen.

Die sechs Siegermenüs

Ochsenschwanz-Ragout in Rotwein,
dazu Mangold mit Morchelsauce

– Gabriele Teufel, Bad Wurzach-Haidgau –

Zutaten:

*1½-2 kg Ochsenschwanz,
je nach Leidenschaft (magere,
fleischige Stücke)
100 g Butter
1½ Flaschen Barbera
3-4 EL frisches Tomatenmus
2 Zwiebeln, 2 Knoblauchzehen
2 Lorbeerblätter, Salz, Pfeffer aus
der Mühle,
1 Prise Zucker
Fleischbrühe*

Zubereitung:

Das Fleisch von evtl. Fettresten befreien, am Abend vorher an einem kühlen Ort in Rotwein einlegen; Lorbeerblätter dazugeben.
Am nächsten Tag herausnehmen, abtropfen lassen und trockentupfen. Die Butter erhitzen, Fleisch sehr sorgfältig von allen Seiten anbraten, gut bräunen lassen.
Inzwischen Zwiebeln und Knoblauch schälen und sehr fein schneiden. Nach ¾ der Anbratzeit zugeben. Knoblauch fast am Schluß, er soll nicht dunkel werden!
Salzen und pfeffern, Wein und Tomatenmus zugeben.
Jetzt beginnt die Garzeit!
War der Ochse »zärtlich«, riskiere ich nach 120 Min die erste Probe. Sicherheitshalber und aus Gründen der besseren Organisation, bereite ich das Ragout am Tag zuvor. Dann kann ich auch eine möglicherweise zu fette Sauce (bei Ochsenschwanz gibt es immer verdecktes Fett) noch in Ruhe entfetten.
Beim Kochen verdampfte Flüssigkeit ersetze ich mit etwas Brühe.
Vor dem Servieren die Sauce durchpassieren und sehr heiß auftragen. Dazu frisches Stangenweißbrot und Mangoldgemüse.

Mangold und Morchelsauce

Ich bevorzuge französischen oder italienischen, der ein köstliches Aroma zwischen Spinat und Spargel hat.
Die breiten, weißen Mangoldstiele (ca. ½ kg) in fingerlange und -breite Stücke schneiden. Kurz überbrausen. Abtropfen lassen. In Butter dünsten, nur soviel Wasser zugeben, daß er nicht anhängt.
Salz (und evtl. etwas Zucker) und Zitronensaft zugeben.
4-5 getrocknete Morcheln, je nach Größe, waschen und am Abend zuvor in Wasser, das ich mit Sherry aromatisiert habe, legen. Mit dem Einweichwasser leise kochen und später einkochen lassen.
Zum Mangold geben. Mit 2 EL Mascarella binden. Evtl. mit Salz abschmecken.

Die sechs Siegermenüs

Birnen in Burgunder

– Gabriele Teufel, Bad Wurzach-Haidgau –

Zutaten:

Pro Person eine große, aromatische, nicht zu reife Birne
1/2 l Rotwein (Burgunder)
ca. 80 g Zucker
1/8 l Wasser
1/2 Zimtstange
abgeriebene Schale einer Zitrone

Zubereitung:

Birnen ganz schälen, Stiele dranlassen. Rotwein mit Zucker, Wasser, Zimt und abgeriebener Zitronenschale zum Kochen bringen. Die Birnen darin »al dente« garen, ca. 15 Min, je nach Größe und Reifegrad (notfalls Hölzchenprobe machen).
Die Birnen herausnehmen. Den Saft auf kleiner Flamme zur Hälfte einkochen lassen. Abkühlen. Durch ein Sieb und über die gekühlten Birnen geben und servieren.

Kann gut am Tag vorher zubereitet werden. Ich lasse dann die Birnen im Sud und stelle sie kühl.

Die sechs Siegermenüs

208 Rezepte der besten Privatküchen

Kalte Vorspeisen und Salate

Peter Nießen, Augsburg:

Tintenfisch-Scampi-Salat
mit scharf-fruchtiger Sauce

Zutaten:

*500 g kleine Tintenfische
mind. 1 Scampi pro Person
1/8 l Weißwein
1/4 l Geflügelfond
ca. 150 g Sellerieknolle-Möhren-Zwiebel-Julienne
1 Tomate, enthäutet, entkernt,
in kl. Würfel geschnitten
1 Limone
1 daumennagelgroßes Stück
Ingwer, kleinstgewürfel
1 kl. Chilischote
1 Knoblauchzehe
Safran
Keimöl zum Andünsten
Olivenöl extra vergine zum
Anrichten
Salz
Baguette*

Zubereitung:

Tintenfische gut putzen und halbieren, Scampi mit einer Schere am Rücken aufschneiden, Darm und Schalen entfernen und in breite Ringe schneiden. Gemüsejulienne und Tomatenwürfel schneiden. Gemüsejulienne in wenig Öl knackig dünsten, beiseitestellen. Die Tintenfische in Öl anbraten, salzen, die gemörserte Chilischote und die Safranfäden zugeben, mit Wein und Geflügelfond aufgießen und vor dem Ende des Kochvorgangs den Ingwer zufügen. Vom Herd nehmen und die rohen Scampistücke, die Gemüsejulienne und die Tomatenwürfel dazutun. Zugedeckt erkalten lassen, damit sich die Aromen schön verbinden. Vor dem Servieren die durchgepreßte Knoblauchzehe untermischen. Mit Limonensaft-Olivenöl-Vinaigrette abschmecken.

Christine Stahlhut, Köln:

Linsensalat mit Putenleber
(für 4 Personen)

Zutaten:

*100 g Linsen
60 g durchwachsenen Speck
150 g Feldsalat
1 Schalotte
200 g Putenleber
Butter zum Ausbraten
2 EL Sherry-Essig
1 EL Aceto Balsamico
Pfeffer aus der Mühle
6 EL Walnußöl*

Zubereitung:

Linsen im lauwarmen Wasser eine Std einweichen, abgießen und in frischem Wasser etwa 15 Min garen (nach 12 Min anfangen zu probieren; die Linsen müssen Biß behalten und nicht breiig sein). Linsen auf einem Sieb abtropfen lassen. Speck in kleine Würfel schneiden und ausbraten, die knusprigen Speckwürfel auf Küchenkrepp abtropfen lassen. Feldsalat putzen, waschen und abtropfen lassen. Schalotte pellen, fein hacken und auf einem

Sieb erst mit heißem und dann mit kaltem Wasser abbrausen, abtropfen lassen. Marinade aus Essig, Salz und Zwiebelwürfeln herstellen, zum Schluß das Walnußöl zugeben, mit dem Soßenbesen verrühren.
Salatblätter durch die Soße ziehen, auf vier Tellern hübsch anrichten. Linsen mit den Speckwürfeln mischen, restliche Salatsoße unterziehen und kurz erwärmen.
Leber halbieren, notfalls putzen und in reichlich Butter pro Seite etwa 30 Sek braten.
Linsen über den Salat verteilen. Leber darauf anrichten und mit Salz und Pfeffer aus der Mühle würzen.
Statt des Walnußöls kann man auch ein sehr gutes Traubenkernöl verwenden.
(Nach Heinz Winkler.)

Margit Kethur, Bielefeld, und Jochen Streveld, Nordhorn:

KLEINER SALAT AUS SPARGEL UND MORCHELN

Zutaten:

750 g Spargel
50 g getrocknete Morcheln
1-2 Glas weißer, trockener Portwein
¼ l Sahne
1-2 Tassen Kalbs- oder Hühnerfond
Zitronensaft
zum Anrichten ggf. einige Blättchen glatte Petersilie

Zubereitung:

Die Morcheln in lauwarmem Wasser ca. 2-3 Std einweichen, danach gründlich säubern und trockentupfen. Das Einweichwasser hat ebenfalls viel von dem Aroma der Pilze aufgenommen, es sollte jedoch wegen möglicher Sandrückstände durch ein feines Sieb gelassen werden oder, besser noch, filtriert werden. Dazu kann man auch einen Kaffeefilter verwenden.
Die Sauce kann einige Stunden vorher zubereitet werden, so daß sie kurz vor dem Auftragen nur noch erwärmt werden muß. Die trockengetupften Morcheln in eine Kasserolle geben. Wenn das restliche Wasser verdampft ist, 1 Glas Portwein zugießen, und sobald dieses verdampft ist, das filtrierte Einweichwasser zugeben. Dann die Hitze reduzieren und langsam garkochen lassen. Evtl. etwas Zitronensaft dazugeben. Wenn die Morcheln gar sind, nacheinander Sahne zugeben, einkochen lassen, dann Kalbsfond und Portwein und wieder einkochen lassen, bis die Sauce die gewünschte Konsistenz hat. Salzen und Pfeffern nach Gusto. Spargel schälen und in Salzwasser kochen. Den lauwarmen Spargel hübsch auf den Tellern anrichten, mit der warmen Sauce übergießen.

Erika Altenburg, Bonn:

KARTOFFEL-ROTE BEETE-RAUKE-SALAT

Zutaten:

4 mittelgroße Pellkartoffeln (Hörnlis)
4 mittlere rote Beete-Knollen
200 g Rauke (Roquetta)
kaltgepreßtes Olivenöl (allererste Pressung
Zitrone, Salz, Pfeffer

Zubereitung:

Die rote Beete am Vortag kochen, schälen, in feine Scheiben schneiden und in Rotweinessig mit einer Prise Zucker und Salz über Nacht marinieren. In Scheiben geschnittene Kartoffeln, rote Beete, die gewaschene, grob geschnittene Rauke mit einer Sauce aus 4 EL Olivenöl, wenig Zitronensaft (ca. 1/2 EL, die Sauce soll nicht sauer schmecken), Salz und frisch im Mörser zerstoßene Pfefferkörner (schwarz) mischen.

Margit Kethur, Bielefeld, und Jochen Streveld, Nordhorn:

KLEINER SALAT MIT AVOCADO UND KRABBEN

Zutaten:

1 schöner Kopfsalat
1-2 Radiccio
1 reife Avocado
250 g Nordseekrabben (oder Shrimps, wenn es keine schönen Krabben gibt)

für die Marinade:

etwas fruchtiges Olivenöl
Balsamico
wenig Zitrone
Salz, Pfeffer

Zubereitung:

Vom Kopfsalat werden die inneren, gelblichen Blätter ausgelöst, gewaschen, Strünke entfernt und mit einer Salatschleuder getrocknet. Danach in nicht zu schmale Streifen schneiden. Ebenso den Radiccio putzen und in Streifen schneiden. Aus der geschälten Avocado werden kleine Kügelchen ausgestochen und zusammen mit den Krabben zum Salat gegeben. Ca. 1/2 Std vor dem Servieren mit der Marinade anrichten.
Wenn man noch einen farblichen Akzent setzen möchte, so kann man einige (nicht zu viele) Blättchen glatte Petersilie, in sehr schmale Streifen geschnitten, dazugeben.

Dr. Julius Kraemer, Ottobrunn:

SALADE NIÇOISE
(für 4 Personen)

Um eine Salade Niçoise zu erhalten, sind die folgenden Regeln unbedingt zu beachten:
1. Nichts gekochtes außer Eiern; also z.B. keine Kartoffeln oder grüne Bohnen.
2. Keinen Essig verwenden; die Säure der erstklassigen Tomaten und des feinen Olivenöls genügen vollkommen.
3. Niemals Sardellen und Thunfisch zusammen in einen Salat. Sardellen sind eher für die alltägliche Version, während der Thunfisch den Sonn- und Feiertage vorbehalten bleibt.

Kalte Vorspeisen und Salate

Wenn ich keinen rohen Thunfisch erhalte, nehme ich lieber Sardellen statt Thunfisch aus der Dose.

Zutaten:

6-8 Tomaten (je nach Größe)
2 hartgekochte Eier
entweder 8 Sardellenfilets
oder 120 g frischen, rohen Thunfisch
1 Knoblauchzehe
1 kl. Salatgurke
1 grüne Paprika
8 Frühlingszwiebeln oder 4 mittlere Schalotten
evtl. 1 kl. Fenchelknolle (je nach Saison)
Pfeffer, Salz
eine Handvoll fein geschnittenes Basilikum
etwa 1/10 l erstklassiges Olivenöl
eine Handvoll kl. schwarze Oliven (nicht zu salzig)
frische Baguette

Zubereitung:

Das Olivenöl mit dem feingeschnittenen Basilikum vermischen, wenig Salz und etwas frisch gemahlenen Pfeffer aus der Mühle zugeben. Gut kühlen.
Tomaten sechsteln, den Stielansatz herausschneiden, salzen und eine Stunde ziehen lassen. Eine große weite Salatschüssel mit der Knoblauchzehe ausreiben. Die Eier vierteln oder in Scheiben schneiden. Die Gurke schälen, halbieren, die Kerne entfernen und in sehr dünne Scheiben schneiden. Die Paprika und den Fenchel in Stückchen schneiden (etwa 1 x 1 cm). Die Zwiebeln oder Schalotten in dünne Scheiben schneiden. Die Sardellenfilets gut wässern und dritteln oder vierteln. Alternativ den rohen Thunfisch in kleine Stückchen schneiden und ein wenig salzen. Diese Zutaten (noch ohne die Tomaten) in die Salatschüssel geben. Die Tomaten leicht nachsalzen und ebenfalls in die Schüssel geben.

Anrichten:

Die kühle Sauce über die restlichen Zutaten gießen, mischen, mit den schwarzen Oliven garnieren und mit der aufgeschnittenen Baguette servieren.

Gabriele Lenz, Emsdetten:

Raukesalat mit kleinem Kalbsschnitzel in Estragon-Tomaten-Butter

Zubereitung:

Raukesalat putzen, gut abtrocknen und fächerartig auf den Tellern verteilen, unmittelbar vor dem Servieren mit einer klassischen Vinaigrette leicht beträufeln. Die Vinaigrette schlage ich auf aus Traubenkernöl, Salz, Pfeffer, Balsamessig und zum Schluß etwas heißer Brühe, um den öligen Charakter etwas zu mildern.
Jeweils ein halbes Kalbsschnitzel (etwa in Rouladenstärke geschnitten) wird mit einer Scheibe Parmaschinken (San Daniele geht ebensogut) belegt, darauf kommt ein Basilikumblatt. Schnitzel zuklappen und mit einem Zahnstocher verschließen. Nur von außen salzen und pfeffern.
In einer Öl-Butter-Mischung werden die Schnitzelchen kurz angebraten, etwa 3 Min von jeder Seite. Sie werden dekorativ an die Raukefächer gelegt und

leicht mit folgender Sauce überzogen: 250 g reife, aromatische Tomaten kleinschneiden und in einem Topf mit 5 cl trockenem Weißwein, 3 Schalotten (kleingeschnitten), 1 Knoblauchzehe, 1 kleinem Lorbeerblatt und den abgezupften Blättern von 3-4 Estragonzweigen auf ca. 300 ccm einkochen. Alles mit dem Mixstab fein pürieren (Lorbeerblatt vorher entfernen) und durch ein Haarsieb streichen. Sauce salzen und pfeffern, aufkochen und mit 150 g eiskalter Butter sämig aufschlagen. Vor dem Servieren 1 TL feingehackten Estragon zugeben.

Gertie Östermann, Kernen-Rommelshausen:

TOMATENMOUSSE MIT BASILIKUM
(für 4 Personen)

Zutaten:

400 g vollreife Tomaten
2 Schalotten
Butter
1 Bund Basilikum
1 EL Tomatenmark
Salz, Zucker
Cayennepfeffer
3 Blatt weiße Gelatine
1/8 l Sahne

Zubereitung:

Die Tomaten quer halbieren, sorgfältig durch ein Sieb entkernen, die Flüssigkeit auffangen, Knospenansatz herausschneiden, und die Tomaten evtl. noch in kleinere Stücke schneiden. Die Kerne ausdrücken, so daß sich auch das Gelee um die Kerne etwas löst und aufgefangen wird.
Schalotten fein würfeln und in Butter glasig dünsten. Tomatenwasser zugeben und auf ca. 1 EL einkochen und abkühlen lassen. Das Reduzieren ist nötig, um den Geschmack zu konzentrieren, außerdem würde das Püree sonst viel zu flüssig.
Schalotten und Tomaten mischen und pürieren. Basilikum fein hacken und mit dem Tomatenpüree mischen. Das Püree kaltstellen und ca. 2 Std ziehen lassen, damit das Basilikum seine ätherischen Öle an die Masse abgibt. Zwischendurch probieren, ob der Basilikumgeschmack ausreichend ist und je nach Geschmack die Zeit verkürzen oder verlängern. Anschließend die Masse durch ein Sieb streichen. (Da hier nun die Schalen und der Basilikum im Sieb zurückbleiben, ist eine Enthäutung der Tomaten vorher nicht nötig, und durch das Herausnehmen des Basilikums behält die Mousse eine schöne rote Farbe, hat aber natürlich den Geschmack.)
Tomatenmark untermischen und mit Salz, Zucker und Cayennepfeffer gut würzen. Gelatine in kaltem Wasser einweichen, ausdrücken, bei milder Hitze auflösen und unter das Püree rühren. Kühlstellen, bis die Masse zu gelieren beginnt und dann vorsichtig sehr steif geschlagene Sahne unterrühren.
Mousse kaltstellen, bis sie fest ist (ca. 2 Std).

Dr. Klaus Miksits, Berlin:

GEBACKENER ZIEGENKÄSE MIT SCHWARZEN OLIVEN

Zutaten:

200 g Ziegenkäse (bevorzugt Picandou): 4 Stück
1-2 Stück Zwiebeln (in feine Streifen geschnitten)
24 Stück schwarze Oliven
Salz, Pfeffer
4 Stück Alufolie

Zubereitung:

Legen Sie je 1 Stück Ziegenkäse auf die Alufolie. Geben Sie einige Zwiebelstreifen darüber. Würzen Sie mit Pfeffer und Salz aus der Mühle. Fügen Sie jeweils 6 schwarze Oliven hinzu. Schließen Sie die Alufolie zu einer Tüte. Stellen Sie die Tüten in den vorgeheizten Backofen. Backen Sie für 10-15 Min bei 120°. Geben Sie den Inhalt auf einen schwarz-weißen Teller und servieren Sie sofort.

Dr. N. Kecskemethy, Langen:

FRISCHER ZIEGENKÄSE MIT SAUER EINGELEGTEM KÜRBIS

Zutaten:

4 kl. Ziegenfrischkäse
4 kl. Scheiben Kürbiskernbrot
1 kg frischer Kürbis, geschält, in Stücke geschnitten
1/2 l Apfelwein
1/8 l Weißweinessig
Zucker
Saft einer Zitrone
Koriander
Anis
Nelke
Piment
Zimt

Zubereitung:

Kürbisstücke über Nacht in Essig einlegen und in einem Sud aus den restlichen Zutaten ohne Gewürze ca. 5-10 Min kochen, bis die Ränder glasig werden. Kürbis in Gläser füllen, Sud noch einmal mit den Gewürzen kräftig aufkochen und in die Gläser füllen. Mindestens 2 Wochen ziehen lassen.

Die Brotscheiben leicht in Butter rösten, sofort den Ziegenkäse darauflegen, so daß er ganz leicht anschmilzt, und mit den Kürbisstückchen servieren.

Guido und Werner Pollerhoff, Engelskirchen:

HERINGSFILETS MIT CURRYZWIEBELN

Zutaten:

*feine, feste in Öl eingelegte ungesalzene Heringsfilets – pro Person 2 kleine oder ein mittleres
kl. festkochende Kartoffeln
rote Bete
1 gr. Gemüsezwiebel
Curry, Safran, Essig, Olivenöl, Estragon, Weißwein*

Zubereitung:

Die Rote Bete können am Tag zuvor vorbereitet werden. Dazu benötigt man pro Person eine Knolle, die in Salzwasser bißfest gekocht werden. Auskühlen lassen, schälen und in Scheiben schneiden und marinieren. Dazu 2 Teile Wasser und 1 Teil Essig, Zucker, Salz, Pfeffer, Lorbeerblatt und Zwiebel in einen Topf, Rote Bete dazu und zugedeckt über Nacht marinieren. Zwei mittlere oder eine große Gemüsezwiebel in Olivenöl andünsten, mit Weißwein ablöschen, eine Prise Zucker, Salz, Pfeffer, getrocknetem Estragon gar werden lassen und zum Schluß mit Curry und Safran abschmecken.

Zwischenzeitlich die Kartoffeln säubern und mit der Schale in Salzwasser kochen. Für die Kartoffeln eine Vinaigrette vorbereiten, bestehend aus Olivenöl, Essig, Eigelb, Senf, Salz und Pfeffer, das Ganze gut aufschlagen.

Die Kartoffeln in Scheiben schneiden und in der Mitte des Tellers anrichten und mit der Vinaigrette überziehen. Die Rote Bete um die Kartoffeln herum anrichten, die Heringsfilets auf die Kartoffeln legen und mit grobem schwarzem Pfeffer würzen, zum Schluß die Curryzwiebeln auf die Heringsfilets verteilen.

Dr. Woelfgang Koelfen, Edingen:

KOMPOSITION VON FISCHTERRINEN

Zutaten:

*500 g Lachsfilet
3 Eigelb
Pfeffer, Salz
200 g Nordseekrabben
Spinat
500 g Rotbarschfilet
3 Eigelb
frische Kräuter (Dill, Petersilie)
Salz, Pfeffer
Cognac
Sauerampfer
Basilikum
Crème fraîche*

Zubereitung:

300 g Lachsfilet pürieren und mit 3 Eigelb vermischen. Farce mit Pfeffer und Salz würzen. Krabben pürieren. Einige Blätter Spinat (groß) kurz andünsten und trocken legen. Lachsfarce in Terrinenform schichten, dann Krabbenmousse in Spinatblätter einschlagen und in Form legen. Anschließend zweiten Teil der Lachsfarce darüberschichten.
Rotbarschfilet pürieren und mit 3 Eigelb mischen. Frische Kräuter fein hacken und darunter mischen. Würzen mit Salz (sehr wenig) und Pfeffer. Restliches Lachsfilet in Streifen schneiden, für 1 Std in Cognac marinieren. Mousse in eine Terrine schichten und Lachsfilet in Sauerampfer einschlagen. Abschluß mit Kräutermousse.
Beide Terrinen im Wasserbad im Ofen pochieren (Ofen vorheizen, Temperatur 120°, Dauer ca. 1 Std). Auskühlen lassen und im Ofen dann kühl stellen. Frühestens am nächsten Tag aufschneiden.
Kurz vor dem Anrichten Basilikum kleinhacken und unter die Crème fraîche ziehen.

Prof. Dr. Henning Huth, Köln:

Gebeizte Makrele mit Basilikum

Zutaten:

1 frische Makrele (ca. 0,75 kg)
1½ TL Salz
1 TL Zucker
½ TL Pfefferkörner
½ TL Korianderkörner
1 Bund Basilikum

Zubereitung:

Makrele vom Rücken her entgräten, evtl. Pinzette zu Hilfe nehmen. Das Fleisch möglichst unversehrt lassen. Fette Bauchlappen und Flossen entfernen. Übrig bleiben zwei Filets mit Haut.
Pfeffer- und Korianderkörner im Holzmörser grob zerstoßen (aus einem Porzellanmörser springen sie leicht heraus) und in beide Filets einreiben. Darauf grob gehacktes Basilikum verteilen und die Salz-Zucker-Mischung darüber streuen. Filets mit der Fleischseite aufeinanderlegen, in Folie einwickeln und leicht beschwert (Tüte Milch) in den Kühlschrank legen.
Kurz vor dem Essen horizontal feine Scheiben schneiden. Garnierung (wenn man unbedingt will) mit ganzen Pfefferkörnern und kleinen Basilikumblättern.

Hilde Hoffmann, Merzhausen:

Lachsmousse in Fischform auf bewegtem Gurkenmeer

Zutaten:

0,2 l Mayonnaise aus:
2 Eigelb
1 EL Senf
Salz, Pfeffer
⅛ l Sonnenblumenöl
Zitronensaft

200 g geräucherter Lachs
10 g weiße Gelatine
3 EL Wasser
Saft einer halben Zitrone
Salz, Pfeffer
2 Tropfen Tobascosauce
0,2 l süße Sahne
3 Eiweiß
zur Verzierung:
gefüllte Olivenscheibchen
frische Salatgurke

Zubereitung:

Kann einen Tag vorher zubereitet werden.
Mayonnaise mixen aus Zutaten gleicher Temperatur. Geräucherten Lachs zugeben. Solange mixen, bis der Lachs zerkleinert ist.
Gelatine mit Wasser versetzen, im Wasserbad schmelzen lassen. Unter Rühren zu der Lachsmischung geben. Zitrone, Salz, Pfeffer, Tobasco zugeben. 2 Sek mixen. Abschmecken. In einer Schale im Tiefkühlfach, gerade bis die Gelatine anfängt hart zu werden.
Süße Sahne steif schlagen, locker unterheben.
Eiweiß sehr steif schlagen, vorsichtig unterheben.
Jetzt alles in eine kupferne Fischform füllen. Mindestens 2 Std oder auch länger ins Tiefkühlfach stellen. Am Vormittag des Gästeessens umgestülpt mit heißem Wasser begießen oder besser schwimmend in heißes Wasser stellen, bis der Fisch sich auf eine Platte geben läßt.

Verzierung: Paprikagefüllte, grüne Oliven gut wässern und abtrocknen, in Scheiben schneiden, als Auge und Schuppen dekorieren. Gurke waschen, abtrocknen, in Scheiben schneiden, 1x bis zur Mitte einschneiden, als bewegtes Meer zu dem Fisch dekorieren.

Bernhard Schindler, Schledehausen:

ZANDERGELEE IN TOMATENVINAIGRETTE

Zutaten:

ca. 600 g Zander
1 Zwiebel
1 Selleriestange
1 Möhre
1 Knoblauchzehe
Petersilie
1/4 l Weißwein
Wasser
1 kl. Zucchini
1/2 rote Paprika
100 g dünne grüne Bohnen

Zubereitung:

Filets herausnehmen und in Stücke schneiden. Zwiebel, Sellerie, Möhre, Knoblauchzehe, Petersilie, Weißwein und Wasser zusammen mit Kopf und Gräten köcheln, salzen und pfeffern.
Die Zucchini, Paprika und Bohnen feinwürfeln bzw. in kleine Stücke schneiden, blanchieren, kalt abschrecken.
Die Filetstücke auf einem Schaumlöffel nach und nach in dem Fischsud garen (jeweils ca. 5 Min), abtropfen lassen, mit den Gemüsestückchen vermischen und in eine Terrinenform geben. Den Fischsud durch ein Sieb geben, Unreinheiten entfernen und in dem Sud je nach benötigter Menge 2-4 Blatt Gelatine auflösen. Mit Salz und Cayennepfeffer abschmecken; in die Terrinenform zu dem Fisch und Gemüse gießen.
Im Kühlschrank über Nacht gelieren lassen.
Tomatenvinaigrette: 5-6 entkernte und geschälte Tomaten mit dem Handmixer pürieren, Rotweinessig, bestes Olivenöl, Salz und Pfeffer dazugeben, aufschlagen und auf die Teller verteilen. Darauf jeweils eine Scheibe des Zandergelees legen.

Norbert Zanker, Heidelberg:

KALBSZUNGE IN SHERRYGELEE MIT ESTRAGONSAUCE

Zutaten:

1 Kalbszunge, ca. 600 g
1 Kalbsfuß, ca. 700 g, in 4-5 Teile zersägt
1 halbierte Zwiebel
1 Lorbeerblatt
6 weiße Pfefferkörner
2 Nelken
Salz

für das Zungengelee:

50 g Lauchblätter vom hellgrünen Mittelstück
4 kl. Frühlingszwiebel
4 frische rote Peperoni
1 Kopf Eichblattsalat
4 Dillzweigchen (ca. 7 cm)
0,6 l Zungenbrühe
ca. 5 Blatt weiße Gelatine
4-5 El Weißweinessig
5-6 El trockener Sherry
Salz und Zucker

für die Estragonsauce:

1/4 l Zungenbrühe
200 g Crème fraîche
2 Zweige Estragon
3 TL Kräutersenf
Salz, Pfeffer aus der Mühle

Zubereitung:

In einem mittelgroßen Suppentopf die Kalbsfußteile mit 1½ l kaltem Wasser aufkochen, 1 Min wallen lassen und dann das Blanchierwasser durch 2 l frisches, kaltes Wasser ersetzen. Die Zwiebel, das Lorbeerblatt, die Pfefferkörner und die Nelken dazugeben, zum Kochen bringen, leicht salzen, nach 20 Min die unter kaltem Wasser abgebürstete Kalbszunge hineinlegen und ca. 2 Std leicht weiterkochen lassen; Schaum abschöpfen. Sobald die Zunge gar ist, in kaltem Wasser abschrecken, die Haut abziehen, erkalten lassen und in einem luftdichten Behälter aufbewahren. Die Zungenbrühe durch ein Haarsieb abgießen und kühlstellen.
Die Lauchblätter in ca. 30 kleine Rauten schneiden; das Wurzelende der Frühlingszwiebeln und deren Spitzen bis auf eine Länge von ca. 14 cm abschneiden sowie die äußere Blatthülle entfernen. Lauch und die Frühlingszwiebel in kochendem Salzwasser 1 Min blanchieren, in kaltem Wasser abkühlen und trockentupfen.
Zwei Peperoni in etwa 20 Ringchen aufschneiden und die Kerne daraus entfernen.
Die Gelatine in kaltem Wasser einweichen. Die Zungenbrühe erhitzen und die ausgedrückte Gelatine darin auflösen, mit Essig, Sherry, Salz und Zucker kräftig abschmecken. Mit einer kleinen Menge eine Gelierprobe machen; ggf. etwas mehr Gelatine einrühren und nochmal abschmecken.
4 tiefe Teller (ca. 14 cm Innen-Durchmesser) kalt ausspülen, je ½ cm Geleeflüssigkeit einfüllen und im Kühlschrank halb-fest werden lassen.
Die Kalbszunge aufschneiden: Benötigt werden 4 Scheiben quer vom dicken Ende geschnitten und danach 4 Scheiben im Längsschnitt vom gekrümmten Teil. Abschnitte und Außenseiten können für eine Suppe verwendet werden.
Die Zungengelees fertig gießen: In die vorbereiteten Teller je eine runde und eine längliche Zungenscheibe legen, dazwischen die Lauchrauten, die Peperoni-Ringchen und ein Dillzweigchen sowie die Frühlingszwiebel an den Rand; alles mit der Geleeflüssigkeit bedecken und die Teller in den Kühlschrank zurückstellen.

Estragonsauce: Die Zungenbrühe um die Hälfte einkochen lassen, die Crème fraîche und den Senf einrühren, abschmecken, kurz köcheln lassen und zuletzt die abgezupften Estragonblätter beigeben; die Sauce soll dickflüssig sein.

Anrichten:

Für die Garnierung: Die restlichen zwei Peperoni putzen, waschen, entkernen und in feine Streifen schneiden. Die Salatblätter abzupfen, putzen, waschen, in einem Küchentuch trockenschütteln und große Blätter halbieren. Eine milde Vinaigrette aus 3 Teilen neutralem Öl, 1 Teil Weißweinessig, 1 Teil trockenem Wein sowie etwas Zucker und Salz aufschlagen.
Vor dem Servieren: Die Zungengelees auf 4 große flache Teller stürzen. Die Salatblätter durch die Vinaigrette ziehen, jeweils ca. 5 Stück an eine Seite der Teller legen und Peperonistreifen dazugeben. Zwei EL der Estragonsauce am Rand der Zungengelee plazieren, die restliche Sauce getrennt anbieten. Mit ofenwarmer Stangenbaguette servieren.

Anmerkungen:

Nach dem Bearbeiten der Peperoni sofort die Hände gründlich waschen.
Die fertig gegossenen Zungengelees sollen 2-2,5 cm hoch sein. Den Boden der tiefen Teller mit den Zungengelees ca. 20 Sek in heißes Wasser halten, den Servierteller darüberlegen und beide wenden!

Jürgen Bauch und Karin Tolle, Gehrden:

VITELLO TONNATO
(Kalbfleisch mit Thunfischsauce)

Zutaten:

500 g Kalbfleisch aus der Keule
1 Bund Suppengrün
1 Knoblauchzehe
1 Lorbeerblatt
1 Teel. Salz
1 l Hühnerbrühe
1/4 l trockener Weißwein
1 Bund Petersilie
1 Eigelb
4 Sardellenfilets
1 Dose naturell eingelegter Thunfisch (210 g)
3 Eßl. Kapern
2 Eßl. Keimöl
100 g Sahne
1 ungespritzte Zitrone
1 Prise frisch gemahlenen Pfeffer

Zubereitung:

Das Fleisch abspülen. Das Suppengrün putzen, waschen und grob zerkleinern. Die Knoblauchzehe schälen. Alles mit dem Lorbeerblatt und dem Salz in der Hühnerbrühe einmal aufkochen, dann 1 bis 1½ Std. köcheln lassen. Den Weißwein und die gewaschene Petersilie hinzufügen. Das Fleisch in der Brühe in etwa 6 Std. abkühlen lassen. Für die Sauce das Eigelb mit den Sardellen, dem abgetropften Thunfisch und 2 Eßlöffel Kapern pürieren. Langsam das Öl unterrühren. 5 Eßlöffel von der Kalbfleischbrühe, die halbsteif geschlagene Sahne und den Saft von ½ Zitrone hinzufügen. Mit Pfeffer abschmecken. Das Kalbfleisch in dünnen Scheiben auf Portionstellern anrichten und die Sauce darübergießen. Mit den Zitronenscheiben und den restlichen Kapern garnieren.

Gudrun Raeder, Kaufungen:

ZUNGENSÜLZE MIT RÖSTKARTOFFELN UND KRÄUTERSAUCE

Zutaten:

*1 Rinderzunge (ca. 750 g), frisch
einige Rinderknochen
1 Zwiebel
2 Lorbeerblätter
Pfefferkörner
Salz
1 Bund Suppengrün
500 g Spargel (grün und weiß)
1 Bund glatte Petersilie
10 Blatt Gelatine
Weißweinessig
Salz, Pfeffer
Zucker*

für die Kräutersauce:

*1 Becher Schmand (250 g)
1 Becher Vollmilchjoghurt
1 Becher Dickmilch
Kräuter: Dill, Schnittlauch,
Petersilie, Estragon, Liebstöckel,
Pimpernelle, Borretsch,
Sauerampfer
Weißweinessig
Pfeffer, Salz
Zucker
1 kl. Zwiebel, feingehackt*

Zubereitung:
Rinderzunge mit den Knochen und Gewürzen sowie der Zwiebel in einen großen Topf geben, mit Wasser bedecken und bei sehr milder Hitze garen lassen. Die Zunge kalt abschrecken, häuten und von den Röhren befreien. Bouillon durchsieben, erkalten lassen und entfetten. Klären, 600 ml abnehmen und sehr kräftig würzen, Essig und Prise Zucker zugeben. Gelatine in kaltem Wasser einweichen. Den Spargel separat garen. In 3 cm große Stücke teilen. Zunge in 1/2 cm dicke Scheiben schneiden. Abwechselnd Zunge und Spargel und Petersilie in eine Form geben. Die Gelatine in der heißen Brühe auflösen. Brühe über das Fleisch geben. Erstarren lassen, kaltstellen.
Röstkartoffeln: 1 kg frische, kleine Kartoffeln in der Schale kochen (müssen aber noch fest bleiben!), abschrecken und pellen. In einer großen Pfanne Butterschmalz erhitzen, Kartoffeln goldbraun braten, salzen.
Kräutersauce: Alle Zutaten mit den feingehackten Kräutern mischen und gut abschmecken. Kaltstellen.
Die Sülze in Scheiben schneiden, mit Röstkartoffeln und Kräutersauce servieren.

Prof. Dr. Hans Joachim Lipps, Tübingen:

ENTENPARFAIT AUF BRUNNENKRESSE

1 große Entenbrust leicht anbraten, pürieren.
2 Entenlebern leicht anbraten, mit Zwetschgenwasser ablöschen, kleinschneiden. Fleisch mit 50 ml trockenem Weißwein, 5 kleingeschnittenen süß-sauer eingelegten Backpflaumen, 12 kleingeschnittenen Salbeiblättern, etwas Salz, etwas Thymian, einigen grünen Pfefferkörnern und einem Ei mischen. In eine eingefettete Puddingform geben, eine Stunde im Wasserbad kochen, abkühlen lassen, stürzen und in Scheiben schneiden.
200 g Brunnenkresse auf Teller verteilen, einige Walnüsse darauf geben und eine Scheibe Entenparfait. Mit warmer Butter-Zitronensoße reichen. Dazu warme Baguette oder Toastbrot.

*Hans-Peter Östermann,
Kernen-Rommelshausen:*

SÜLZE VOM LAMMHÄXLE MIT GEMÜSEVINAIGRETTE

Zutaten:

*2 Lammhäxle
1/4 l heller, kräftiger Lammfond, geklärt
Gelatine
Balsamessig
ca. 30 g Erbsen oder Zuckerschoten, blanchiert
ca. 30 g Karottenbrunoise, blanchiert
Vinaigrette*

Zubereitung:

Die Lammhäxle werden in Öl ringsum kräftig angebraten und dann bei 180° im Backofen ca. 1½ Std langsam weichgeschmort. Herausnehmen, abkühlen lassen. Das Fleisch vom Knochen lösen, in ca. 1 cm große Würfel schneiden, dabei sehr sorgfältig alle knorpligen Teile abschneiden.
Inzwischen die Gelatine einweichen. Den Lammfond erhitzen, sehr kräftig abschmecken (Salz, Pfeffer, Balsamessig). Die Gelatine darin auflösen.
Inzwischen eine Terrinenform (Alu, am besten mit kleinem Durchmesser) kaltstellen. Etwas Lammfond eingießen (der sehr schnell geliert), das Fleisch und die blanchierten Gemüse hineingeben und mit Lammfond auffüllen (die Gemüse haben hier hauptsächlich eine optische Funktion). Im Kühlschrank über Nacht festwerden lassen. Am nächsten Tag wird die Form kurz in heißes Wasser getaucht, gestürzt und in Scheiben geschnitten. Je nach Größe werden 2-3 Scheiben auf einem Teller angerichtet und mit der Gemüsevinaigrette angerichtet. Für die Gemüsevinaigrette brauchen wir pro Person einen EL blanchierte Gemüsebrunoise (Möhren, Schalotten, Lauch oder Frühlingszwiebel), Salz, Pfeffer, Rotwein- und Balsamessig und reichlich vom besten Olivenöl. Die Vinaigrette wird um die Sülzenscheiben gegossen (sparsam, das ganze ist schließlich keine Suppe). Ganz hübsch sehen dazu auch immer ein paar Blättchen Salat aus (Ackersalat, Frisee, Karottenstreifen, Champignonscheiben) und Baguette. Zur Vinaigrette wird in der Regel kein Wein serviert; ist sie aber mild und nicht sehr säurebetont, habe ich keine Probleme, einen schönen Riesling zu trinken (vielleicht aus dem Remstal oder der Pfalz).

*Gerhard Meier zu Ahle,
Hamburg:*

MOUSSELINE VON ENTENLEBER MIT JOHANNISBEERSAUCE

Zutaten:

*200 g Entenleber
40 g Eiweiß
2 dl Crème fraîche
Salz, Pfeffer
1,5 dl Saft von schwarzen Johannisbeeren
1,5 dl Geflügeljus
1 EL Crème double
Butter
Salz, Pfeffer, Zucker
Basilikumblätter*

Zubereitung:

Entenleber zusammen mit dem Eiweiß pürieren und durch ein Sieb streichen. Ca. 20 Min im Kühlschrank kalt werden lassen. 4 Gratinierförmchen mit Butter auspinseln und ebenfalls kühlstellen. Crème fraîche mit dem

Spatel in die gekühlte Leber-Eiweiß-Masse einarbeiten, in die Förmchen füllen und mit bebutterter Alufolie verschließen. Im Wasserbad ca. 20 Min erhitzen.
1 dl Saft von schwarzen Johannisbeeren fast vollständig einkochen. 1,5 dl Geflügeljus zugeben und danach 1 EL Crème double. Kalte Butter einschwenken, bis gewünschte Konsistenz erreicht ist. Mit Salz, Pfeffer und 2 Prisen Zucker abschmecken.
Mouselines in tiefe Teller stürzen, mit der Sauce umgießen und mit gehackten Basilikumblättern garnieren.
Dazu schmeckt ein Hermitage blanc.

Thomas Wollny, Frankfurt am Main:

PÂTÉ NACH JAN VLIEGENHART

Zutaten:

2 Eier
2 Knoblauchzehen
2 EL Portwein rot
1 EL Armanac
2 TL Salz
Pfeffer
1 EL Madeira
Basilikum
Schnittlauch
1 EL Mehl
250 g Kalbsleber
250 g Hühnerleber
200 g Butter

Zubereitung:

Durchpassieren, in Patéform füllen und au bain marie im Backofen bei 150° in 1¼ Stunde garen.

Birgit Kreuzer, Wolnzach:

TOMATEN-JOGHURT-SORBET

Zutaten:

5 Fleischtomaten
etwas Tomatenmark
ein Schuß Portwein
2 Becher Joghurt
1-2 EL Sahne
eine Prise Zucker
Salz
Butter
Basilikum

Zubereitung:

Die Tomaten enthäuten, vom Stielende befreien und würfeln. In etwas Butter andünsten, Tomatenmark dazugeben, salzen, mit Zucker abschmecken und mit Portwein ablöschen. Dann vom Herd nehmen, den Joghurt und die Sahne unterrühren, durch ein Sieb passieren. Abkühlen lassen und ins Gefrierfach stellen. Stündlich herausnehmen und mit dem Pürierstab durchmixen (damit sich keine großen Eiskristalle bilden können; 6 x durchmixen).
Ca. 20 Min vor dem Servieren herausnehmen, antauen lassen

und nochmals pürieren. In Gläser abfüllen (am schönsten sieht's aus, wenn man eine Spritztüte benutzt) und mit Basilikum garnieren.

Bettina und Thomas Sell, Berlin:

PASTETEN-ENTE MIT FRUCHTSAUCE

Eine junge, im Freiland aufgewachsene Flugente, ca. 6-8 Monate alt, schlachten, rupfen, ausnehmen und auskühlen lassen. Man sollte darauf achten, daß die Ente sich zum Zeitpunkt des Schlachtens nicht gerade in der Mauser befindet. Anschließend wird die Ente vollständig entbeint. Dazu werden die Keulen vorher am ersten und die Flügel am zweiten Gelenk von der Spitze gesehen abgetrennt. Alle Öffnungen bis auf den Hals werden zugenäht. In die so entstandene Hülle wird nun die vorbereitete Pastetenmasse eingefüllt, die Ente geschlossen und im Ofen bei mittlerer Hitze ca. 2 Std gegart. Wir verwenden dazu einen gußeisernen Bräter.

Für die Pastetenmasse benötigen wir folgende Zutaten:

die enthäuteten und in kleine Stücke geschnittenen Keulenenden
200 g Rinderhackfleisch
350 g Entenleber
Entenherz und -magen
100 g Entenfett aus der selbstgeschlachteten Ente
1 Tasse gebratenes Schweinehirn
50 g fetten Speck
1 Handvoll Backpflaumen, entsteint
100 g kleinere oder etwas zerkleinerte Pfifferlinge
1 Bund Frühlingszwiebeln
3 gr. Zwiebeln
1 kleinere Petersilienwurzel
5 Stiele Petersilie
4 cl Cognac
2 zerstoßene Lorbeerblätter
Salbei, Thymian, Majoran, Piment, Nelke
einige Spritzer Zitronensaft

Die Zutaten, mit Ausnahme der Pfifferlinge, werden in der Moulinette zerkleinert und zu einem geschmeidigen Teig verarbeitet.
Für die Fruchtsoße kochen wir 4 EL schwarze Johannisbeerkonfitüre mit ¼ l Rotwein, etwas Zucker, einer Prise Zimt und ein wenig zerstoßener kandierter Zitronen- und Orangenschale 5-8 Min kurz durch, fügen den Saft einer Zitrone und Orange zu und binden leicht mit Speisestärke. Danach werden 1 TL frisch geriebener Meerrettich und ein wenig Senf untergerührt.
Sowohl die Pastete, als auch die Sauce sollten am Vortag zubereitet werden, damit sie ihr Aroma gut entfalten können.
Die Ente wird in Scheiben geschnitten und mit etwas Fruchtsauce beigegeben serviert.

Suppen

Christine Stahlhut, Köln:

FEINE KARTOFFELSUPPE
(für 4 Personen)

Zutaten:

1 Zwiebel
30 g Butter
300 g Kartoffeln
1 Stange Lauch
1 Möhre
1/4 Sellerieknolle
3/4 l Fleischbrühe
1 kl. Lorbeerblatt
Salz, Pfeffer, Muskat
100 ccm Sahne

Zubereitung:

Die Zwiebel schälen und fein hacken. Kartoffeln schälen, in Würfel schneiden. Lauch putzen, waschen, das Weiße in Ringe schneiden, hellgrünen Teil fein würfeln und beiseite stellen. Von der Möhre und dem Sellerie ein paar feine Scheiben auf dem Gurkenhobel abschneiden und in ganz feine Würfel schneiden, ebenfalls beiseite stellen. Den Rest grober zerkleinern.
Gemüse, Zwiebeln und Kartoffel in der Butter andünsten. Mit Brühe auffüllen. Lorbeerblatt zufügen, salzen, Pfeffern, 20 Min kochen lassen. Die beiseite gelegten Gemüsewürfel in Butter andünsten und salzen. Die weichgekochte Kartoffel-Gemüse-Masse mit dem Pürierstab zerkleinern und die Sahne zufügen, notfalls noch etwas Rinderbrühe zugießen, damit die Suppe nicht zu dick in der Konsistenz wird. Mit Salz, Pfeffer und Muskat würzen. Die Gemüsewürfel zugeben und mit glatter, feingehackter Petersilie abschmecken.
Für diese Suppe auf keinen Fall mehlige Kartoffel verwenden; sie würde sonst zu pampig.

Katrin Skorek, Großburgwedel:

KAROTTENSUPPE MIT FRISCHEM INGWER

Zutaten:

6 EL Butter
1 gr. Zwiebel, gewürfelt
2 EL frischer Ingwer, feinstgewürfelt
1 Knoblauchzehe
1 l Hühnerbrühe
1/8 l Weißwein
750 g Karotten, geputzt und in Stücke geschnitten
2 EL Zitronensaft
Salz, Pfeffer
Prise Curry
3 EL Schnittlauch, fein geschnitten

Zubereitung:

Butter schmelzen, Zwiebel, Ingwer und durchgepreßte Knoblauchzehe ca. 15 Min darin dünsten. Dann Brühe, Wein und Karotten zufügen. Aufkochen lassen. Auf mittlerer Flamme ohne Deckel ca. 45 Min köcheln lassen. Dann die Suppe im Mixer pürieren und mit Zitronensaft, Curry, Salz und Pfeffer abschmecken. Mit Schnittlauch bestreuen und servieren. (Schmeckt auch gekühlt an heißen Tagen köstlich.)

Bettina und Thomas Sell, Berlin:

BRENNESSELSUPPE MIT HECHTKLÖSSCHEN

Sechs Handvoll Brennesselspitzen bzw. junge Pflanzen werden mit kochendem Wasser überbrüht, einige Min stehengelassen und danach abgegossen. In einem Topf wird eine Zwiebel mit Butter glasig geschwitzt, die gehackten Brennesseln zugegeben, mit ¼ l trockenem Weißwein abgelöscht und mit etwa ¾ l Kaninchenbrühe aufgefüllt. Köcheln lassen.
Inzwischen bereiten wir die Hechtklößchen zu. 200-250 g frisches, enthäutetes, gewürfeltes Hechtfilet wird zusammen mit 1 EL Butter und einigen Stielen Petersilie in der Moulinette püriert. Die Masse wird mit Zitronensaft, Salz, Pfeffer und Muskat abgeschmeckt, mit 2 EL Crème double verrührt und für etwa 15 Min ins Tiefkühlfach gestellt. Mit einem Teelöffel Nocken abstechen und in der heißen Suppe kurz garziehen lassen.
Bei Hecht kommt es darauf an, daß er sehr frisch ist, d.h. nicht älter als 24 Std sein sollte.

Dr. N. Kecskemethy, Langen:

ROTE BETE SÜPPCHEN

Zutaten:

400 cl kräftige, selbstgekochte Geflügel- oder Kalbsbrühe
250-350 g Rote Bete (die kleinen schmecken am intensivsten)
⅛ l Sahne
Zitronensaft
Crème fraîche
Butter
Salz, Pfeffer

Zubereitung:

Die Rote Bete in Salzwasser mit etwas Zitronensaft in der Schale ca. ½ Std garkochen, abkühlen lassen und abziehen. Mit der Brühe aufkochen, mit dem Mixer zerkleinern und Sahne zufügen, kurz aufkochen lassen, nochmals gut pürieren, abschmecken und mit einem Stück kalter Butter montieren. Mit wildem Fenchelgrün und einem Klacks Crème fraîche garnieren.

Anmerkung:

Sehr apart schmeckt die Suppe auch, wenn man als Brühe Räucherfischsud nimmt. Bei Menus mit weniger Gängen kann man zum Schluß noch ein Eigelb untermischen und so die Suppe etwas sämiger machen.

Herbert Michel, Walluf:

SAUERAMPFERSUPPE

Zutaten:

2-3 Bund Sauerampfer
¾ l selbstgemachte Hühnerbrühe
¼ l süße Sahne
Salz, Pfeffer

Zubereitung:

Während die Gäste noch bei ihrem Aperitif sind, wird die Suppe zubereitet. 0,2 bis 0,25 l Sahne in einer beschichteten Pfanne erhitzen und ca. ⅔ der Brühe zugießen. Die restliche Brühe mit dem Sauerampfer (ohne Stiele) im Mixer stoßweise (Hand auf den Deckel!) zerkleinern, so daß man noch kleine Blattstücken sieht. Diese zur Suppe in die Pfanne geben und heiß werden lassen, aber nicht mehr kochen. Mit etwas Salz und Pfeffer abschmecken und sofort servieren.

Johannes B. Bucej, München:

PILZSUPPE

Zutaten:

Etwa 1 kg frische Waldpilze
500 g mehlig kochende Kartoffeln
1 Lorbeerblatt
1 Handvoll getrocknete Herbsttrompeten
2-3 Pimentkörner
½ TL schwarze Pfefferkörner
1 Knoblauchzehe
1½ l Hühnerbrühe
etwas Zitronensaft
1 Bund glatte Petersilie

Zubereitung:

Die Pilze werden geputzt, so daß ein gutes Pfund übrig bleibt. Dann werden sie in Scheiben geschnitten. In etwa 1½ l Hühnerbrühe gebe ich ein Lorbeerblatt, ein paar getrocknete Totentrompeten, 2-3 Piment- und ½ TL schwarze Pfefferkörner. Außerdem kommen eine Knoblauchzehe dazu und natürlich die frischen Pilze. Da die Gewürze samt Knoblauchzehe nachher wieder herausgefischt werden müssen, fülle ich sie in ein Baumwollsäckchen (Baumwollsiebe eignen sich dafür hervorragend). Dazu kommt außerdem noch 1 Pfund in kleine Würfel geschnittene geschälte Kartoffeln – am besten eine mehlig kochende Sorte. Die Kartoffelstückchen sorgen überdies für eine angenehme Bindung. Wenn die Kartoffeln weich sind, sind auch die Pilze gar. Mit etwas Zitronensaft abgeschmeckt und mit reichlich frischer gehackter Petersilie bestreut wird diese Suppe serviert.

Rosemarie Schwarz, Mannheim:

SELLERIECRÈMESUPPE MIT SPECKKRUSTELN UND KRESSE

Zutaten:

1 gr. Sellerieknolle von ca. 1 kg
Saft einer Zitrone
60 g kalte Butter
100 g geräuchertes Bauchfleisch
50 g frische Kresse
Salz, Pfeffer
Zucker

Zubereitung:

Sellerie schälen und in Scheiben schneiden. 1 l Wasser zum Kochen bringen, Zitronensaft und Sellerie zugeben, bei mittlerer Hitze weichkochen. Mit dem Pürierstab pürieren und mit Salz, Pfeffer und Zucker abschmecken. (Bis hierher kann die Suppe am Vortag zubereitet werden.)
Bauchfleisch in kleine Würfel schneiden und in kochendem Wasser kurz blanchieren, abgießen und abtropfen lassen. In einem kleinen Pfännchen kross braten. Beiseite stellen.
Vor dem Anrichten Suppe nochmals erhitzen und die kalte Butter in kleinen Stücken mit dem Schneebesen unterrühren. Suppe in Teller oder Tassen füllen und mit den Speckwürfelchen und der gewaschenen, abgetropften Kresse bestreuen.

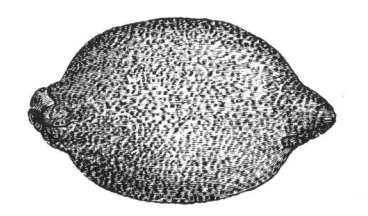

Dr. Joachim Sachs, Roßdorf:

OCHSENSCHWANZSUPPE MIT MEERRETTICHNOCKEN

Zutaten:

1,5 kg Ochsenschwanz
2 kl. Stangen Lauch
2 Karotten
2 Zwiebeln
4 reife Tomaten
Lorbeerblatt
Petersilie
Madeira oder Sherry

200 g Magerquark
80 g altes Weißbrot ohne Rinde
30 g Butter
1 Ei
1 Eigelb
80 g geriebenen Meerrettich
Salz, Pfeffer
Muskat

Zubereitung:

Die Zutaten werden mit 1½ l Wasser aufgesetzt, vom Madeira oder dem (nicht zu trockenen) Sherry füge ich etwa 0,1 l zu und brauche später davon noch einen kräftigen Schuß zum Abschmecken. Wenn gerade nicht die Jahreszeit für reife Tomaten ist, dürfen es durchaus auch solche aus der Dose sein. Da der Ochsenschwanz nicht zum leichten Zerkochen neigt, sollte er ruhig 3 Std vor sich hin sieden, so daß das Fleisch im Hauptgericht verwendet werden kann.

In dieser Zeit bereite ich die Grundmasse für die Meerrettichnocken zu. Der Meerrettich wird kurz in der zerlassenen Butter angedünstet. Die Masse vom Feuer nehmen, nach und nach Eigelb und Ei zugeben und innig mischen. Der Quark wird durch Ausdrücken in einem Mulltuch von überschüssiger Feuchtigkeit befreit und zusammen mit dem sehr feingewürfelten Weißbrot dem Meerrettich zugegeben. Probieren und gut abgedeckt bis zur Weiterverwendung (mindestens jedoch eine Std) ruhen lassen. Hat die Ochsenschwanzbrühe inzwischen eine angemessene Zeit auf dem Herd verbracht, gieße ich sie durch ein Tuch und schmecke mit Gewürzen und Tomatenmark ab. Jetzt sollte gut 1 l Suppe entstanden sein. Wenn am nächsten Tag die Gäste Platz genommen haben, steche ich von der Meerrettichmasse eigroße Nocken ab, deren Oberfläche sehr glatt gestrichen werden sollte. Diese lasse ich 12 Min in siedendem Wasser garziehen und lege sie in die erhitzte, mit zusätzlichem Madeira/Sherry verfeinerte Ochsenschwanzsuppe. Die Nocken lassen sich auch in der Suppe garen, die dabei allerdings etwas trüb wird. Die erste Variante bringt das schönere Ergebnis. Wenn die Suppe aufgetragen und probiert worden ist, kann es zu ersten wohligen Seufzern aus der Gästeschar kommen.

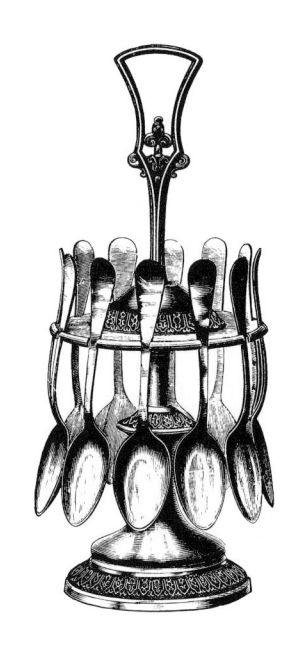

Helmut Orwat, Castrop-Rauxel:

KAISERSCHOTENSÜPPCHEN MIT JAKOBSMUSCHELN UND SPECK

Zutaten:

500 g Kaiserschoten
1 l Brühe
4 Jakobsmuscheln
2 dünne Scheiben Rauchspeck
1 Schalotte
4 EL geschlagene Sahne
20 g Butter
Salz, Muskat

Zubereitung:

Die Kaiserschoten abzupfen, 4 Stück in ganz feine Streifen schneiden und beiseite stellen. Die restlichen grob zusammenschneiden. Die geschälte Schalotte in Scheiben schneiden und in der Butter anschwitzen, die Kaiserschoten dazugeben und kurz dünsten. Leicht salzen, mit der Brühe auffüllen und weich köcheln. Mixen, abschmecken und durch ein Sieb streichen.
Die Jakobsmuscheln in je zwei Scheiben schneiden, würzen mit Salz, Pfeffer und Zitrone, leicht in Mehl wenden und kurz anbraten. Den Speck in feine Streifen schneiden und kross braten. Jakobsmuscheln, Speck und die feingeschnittenen Kaiserschoten in heiße Suppenteller geben. Die heiße Suppe dazugeben, mit der geschlagenen Sahne garnieren.

Margit Pleintinger, Offenberg:

GELBE RÜBENZITRONENSUPPE

Zutaten:

1 gr. Zwiebel
1 Knoblauchzehe
500 g Möhren
3 Tomaten
1 Kartoffel
30 g Butter
1 1/4 l Gemüsebrühe
200 g Crème fraîche
2-3 Zitronen
Tobasco
Salz, Pfeffer aus der Mühle
2 Bund Basilikum (oder 1 Bund Petersilie)
1 geschälte Zitrone

Zubereitung:

Zwiebel grob würfeln, Knoblauchzehe hacken, Möhren grob schneiden, Tomaten in große Stücke schneiden. Kartoffel schälen und grob schneiden. Alles zusammen in der Butter andünsten, mit Gemüsebrühe aufgießen und ca. 20 Min kochen, bis das Gemüse weich ist. Pürieren, Crème fraîche einrühren und mit dem Saft von 2-3 Zitronen und den Gewürzen abschmecken.
1 Bund Basilikum (oder 1/2 Bund Petersilie) fein schneiden, in die Suppe einrühren und durchziehen lassen. Von 1 Zitrone die Schale in sehr feine Streifen schneiden. Nochmal 1 Bund Basilikum (oder 1/2 Bund Petersilie) fein schneiden und mit der Zitronenschale zum Garnieren verwenden.

Hans-Peter Östermann, Kernen-Rommelshausen:

BORSCHTSCH MIT MAULTÄSCHLE

Zutaten:

Rote Bete (reichlich)
ca. 1/2 l kräftige Rinderbrühe
Salz, Pfeffer
Zucker
Zitrone

für die Maultaschen:

Nudelteig aus 200 g Mehl und 2 Eiern
20 g Petersilie
250 g Ricotta
100 g frisch geriebener Parmesan
1 Eigelb
Salz, Muskat

Zubereitung:

Hier handelt es sich um ein Familienrezept, das ich von einem Mitglied unseres Kochclubs übernommen habe. Die Rote Bete werden roh geschält, in Spalten geschnitten und mit ca. 1/2 l Wasser weich gekocht. Dabei geben sie Farbe und Geschmack an das Wasser ab. Die ausgekochten Rote Bete werden herausgesiebt, der Rinderfond zugegeben, aufgekocht und abgeschmeckt.
Da die Suppe so einfach ist, darf der Aufwand für die Maultäschle etwas größer sein.
Die Petersilie wird fein gehackt und mit den übrigen Zutaten in einer Schüssel gut durchgearbeitet. Aus dem Nudelteig und der Füllung werden kleine Maultäschle geformt, in Wasser kurz gegart und in der heißen Suppe serviert.

Heidi Stumpf, Pohlheim:

KÜRBISSUPPE

Zutaten:

1 1/4 l Hühnerbrühe
1,25 kg Kürbis (geschält gewogen)
1 dicke Kartoffel
1 dicke Zwiebel
1-2 dicke Fleischtomaten
1 dicker Apfel
1/2 TL Curry
1/2 TL grob gemahlener weißer Pfeffer
1 Msp. Cayennepfeffer
0,2 l süße Sahne
0,2 l Crème fraîche

Zubereitung:

Kürbis und Kartoffel schälen und in 1-2 cm große Würfel schneiden. Zwiebel und Apfel schälen und ebenso wie die Tomaten würfeln. Da alles später durchpassiert wird, braucht man die Tomaten nicht zu schälen. Diese gesamten Zutaten gibt man in die Hühnerbrühe und läßt alles zusammen 1/2-3/4 Std sanft köcheln.
Ab und zu einmal umrühren.
Dann passiert man alles durch. Alles nochmal zurück in den Topf, süße Sahne und Crème fraîche zugeben, abermals erhitzen und mit den angegebenen Gewürzen abschmecken. Evtl. noch etwas salzen.

Dr. Udo Meyer, Hamm:

SCHNECKENSUPPE

Zutaten:

24 Weinbergschnecken mit Sud
1 Suppenhuhn
1 Gläschen trockenen Riesling
Knoblauch nach Gusto
1/4 Pfd Butter
Crème fraîche, Crème double

Zubereitung:

Das Huhn koche ich bereits einen Tag vorher. Nach dem Kochen lasse ich die Brühe stehen und entfette sie am nächsten Tag.
Die Schnecken entdose ich und gebe sie in ein eisernes Töpfchen, in dem die Butter ausgelassen auf sie wartet. Sie bleiben so lange darin, bis ihr Sud eingekocht ist. Dann gebe ich schöpflöffelweise Brühe und Riesling hinzu, lasse sie einkochen, und gebe schon jetzt etwas kleingehackten Knoblauch hinzu. Um Butter bzw. das Fett zu sparen, rühre ich kurz vor der Fertigstellung die Crème fraîche hinein. Ich entnehme pro Person zwei Schnecken, püriere die Suppe mit dem Mixstab durch und montiere die restliche, eiskalte Butter darunter. Mit dem Knoblauch, etwas Pfeffer, vielleicht einem Spritzerchen Zitronensaft wird abgeschmeckt, in jede Portion noch rasch zwei Schnecken und schon wird aufgetragen. Hierzu schmecken Weißbrot und ein trockener Riesling-Sekt.

Heinz Mayer, Tübingen-Hirschau:

Hirnsuppe

Hirn beim Metzger vorbestellen, häuten lassen und in entfetteter Fleischbrühe blanchieren. Zur Suppe ½ Pfund Butter erhitzen, 3–4 EL Mehl zugeben, rühren, nicht bräunen. Vorsichtig mit Fleischbrühe ablöschen und aufgießen, bis sich eine geschmeidige Masse ergibt. 2–3 Stunden im Wasserbad köcheln lassen.
Dann weiter Brühe zugeben bis die gewünschte Konsistenz erreicht ist. Blanchiertes Hirn klein würfeln und zugeben. Mit Zitronensaft und Weißwein abschmecken. Mit Schnittlauch bestreut servieren.

Karl Köster, Münster:

Klare Lammbrühe mit Graupen

Zutaten:
für die Brühe:

1 Karotte
1 Stück Sellerie
1 Stück Lauch
1 Stück Petersilienwurzel
1 Knoblauchzehe
1,5 kg zerhackte Knochen und Parüren vom Lamm
Salz, Pfeffer
Safranfäden
trockener Sherry

für die Einlage:

2 EL Perlgraupen
1 Stückchen Lauch
1 Stückchen Karotte
1 Champignon

Zubereitung:

Knochen und Parüren blanchieren, anschließend mit kaltem Wasser abspülen. Mit 1,5 l kaltem Wasser aufsetzen, aufkochen lassen, die Hitze sofort herunterschalten und die Brühe einige Stunden unterhalb des Siedepunktes ziehen lassen. Die

Dauer der Zeit schadet nicht dem Ergebnis.
Die Gemüse waschen, putzen und grob würfeln. 1 Std vor Beendigung der Kochzeit mit zur Brühe geben. Die Brühe passieren, erkalten lassen und entfetten.
Die Graupen in Salzwasser weich kochen. Kalt abspülen. Die Gemüse für die Suppeneinlage waschen, putzen, sehr fein schneiden und blanchieren.

Fertigstellung

Die Brühe erhitzen, mit Salz, Pfeffer und Safranfäden abschmecken. Nach Geschmack und Bedarf mit einem Schuß Sherry aromatisieren. Die Einlagen hinzugeben und auf angewärmten Tellern servieren. Für das Auge ein Blättchen glatter Petersilie in die Brühe geben.

Robert und Gertrud Kreuzig, Cremlingen:

Consommé von Steckrübe

Zutaten:

Beinscheibe vom Rind oder Kalb
Karkasse vom Maishähnchen
750 g Steckrübe
Suppengemüse (Karotten, Sellerie, Zwiebeln, Knoblauch, Petersilienwurzel)
Salz, Pfeffer
Thymian
Lorbeerblatt

Zubereitung:

Fleisch und Karkasse in kaltem Wasser aufsetzen, aufkochen, mehrfach Schaum abschöpfen, dann erst Suppengemüse und Gewürze zugeben. Steckrübe schälen, in dicke Streifen schneiden, 25 Kugeln ausstechen, restliche Steckrübe kleinschneiden und wie Suppengemüse auskochen. Dann Brühe absieben, mit Eiweiß klären. Niederschlag durch Tuch absieben. Steckrübenkugeln in der Brühe garen.
Servieren in Suppentassen, mit wenig fein geschnittenem Schnittlauch bestreuen.

Hilde Hoffmann, Merzhausen:

Markklösschen in Sauerampfersuppe mit Blätterteigdeckel

Zutaten:

Brühe aus Rindfleisch und Suppengrün
Markknochen, groß
1 EL Butter
Salz, Muskat
1 Ei
1 EL Petersilie, feingehackt
1 getrocknetes Brötchen
10 Sauerampferblätter, selbstgesammelt
4 Blätterteigblätter
1 Eigelb

Zubereitung:

Suppe und Markklößchen können 1 Tag vorher zubereitet werden.
Brühe aus Rindfleisch und Suppengrün mindestens 3 Std kochen, absieben.
Das Mark aus den Knochen drücken, erhitzen, durchsieben, 1 EL Butter dazu, Salz und Muskat dazu, 1 Ei darunterrühren, da darf die Mischung nicht mehr heiß sein, Petersilie dazu.

Brötchen in Wasser einweichen, ausdrücken, unterkneten, kleine Klößchen formen. Sauerampferblätter sammeln. Er darf noch nicht blühen. Waschen, trocknen, in feine Streifen schneiden (ersatzweise Spinatblättchen).
4 feuerfeste Suppenformen mit der kochenden Brühe nicht bis oben hin auffüllen, 1-2 cm freilassen, Markklößchen einlegen. Sauerampferstreifen einlegen. Blätterteig auf doppelte Größe auswalzen, als Deckel auf die Förmchen legen, den Rand mit Wasser festkleben, mit verquirltem Eigelb bestreichen, bei 220° im Ofen backen, bis der Deckel goldgelb aufgegangen ist. Sofort servieren.

Heinz-Dieter und Doris Hildebrand, Nürnberg:

DOPPELTE KRAFTBRÜHE MIT TAFELSPITZ UND GEMÜSESTREIFEN

Zutaten:

1 kg Beinscheiben/Rinderknochen
1 Möhre
3 ungeschälte Knoblauchzehen
1 kl. Lorbeerblatt
1 Nelke
1 Scheibe frischen Ingwer
1/2 Porreestange
1 Thymianzweig
1 Rosmarinzweig
einige Pfefferkörner
einige Korianderkörner
1 kg Tafelspitz
1 Stück Sellerie, kleingeschnitten

Zubereitung:

In einem großen Suppentopf die Knochen und das Beinfleisch mit 2 l Wasser kalt aufsetzen und bei mittlerer Hitze 3-4 Std simmern lassen. Eiweißschaum immer abschöpfen. Dann Gemüse und Gewürze dazu, noch eine Std simmern lassen. Nicht salzen!

Anschließend Fleisch, Knochen, Gemüse und Gewürz entfernen und Brühe durch ein Tuch und Sieb in einen kleineren Topf umfüllen, wenn nötig vorher entfetten.
Den Topf auf kleiner Flamme aufsetzen und Tafelspitz beifügen. Ungefähr 3 Std ziehen lassen. Tafelspitz rausnehmen und Brühe durch ein Tuch und Sieb in einen anderen Topf umfüllen. Brühe sollte jetzt klar und kräftig sein. Erst jetzt salzen! Eine dünne Scheibe Tafelspitz ohne Fett und Haut in dünne Streifen schneiden. Sellerie, Schloten, Möhren in dünne Streifen schneiden und in einem kleinem Sieb blanchieren. Den Tafelspitz und die Gemüsestreifen in ein wenig Brühe zugedeckt im Backofen warmstellen.
Gemüsestreifen und Tafelspitz in vorgewärmte Suppentassen geben und mit heißer Brühe aufgießen. Tassen nur 2/3 füllen.

Gudrun Heute-Bluhm, Sölden:

TOPINAMBUR-SUPPE MIT STEINPILZEN

Zutaten:

250 g Topinambur
80 g Schalotten
60 g Butter
400 ml Geflügelfond
100 g süße Sahne
250 g Steinpilze (mind.)

Zubereitung:

Topinambur ist in der deutschen Küche etwas in Vergessenheit geraten. Ich wasche und schäle sie und schneide sie in Scheiben. Die Schalotten werden fein gewürfelt und in einem kleinen Topf in etwa 20 g Butter glasig gedünstet. Ich gebe die Topinambur-Scheiben dazu, gieße mit dem Geflügelfond auf und lasse das ganze ca. 15 Min kochen. Ich gebe die Sahne dazu und mixe die Suppe mit dem Pürierstab des Handmixers.
Steinpilze werden am besten in Scheiben einzeln in der Pfanne gebraten und kurz vor dem Servieren auf die fertige Suppe gegeben. Sollte die Köchin keine Steinpilze zur Verfügung haben, könnte man auch auf eine leicht geräucherte, in kleine Stücke zerpflückte Forelle als Einlage zurückgreifen.

Ingo Herrmann, Karlsruhe:

SUPPE MIT SAUERAMPFERTÄSCHCHEN

Zutaten:

Sauerampfer
Forellenfilet (sehr frisch)
feine Hühnerbrühe

Zubereitung:

Forellen, falls noch nicht geschehen, filieren und Filets in feine Streifen schneiden. Sauerampfer waschen, Stiele wegschneiden und trockenschütteln. Auf jedes Sauerampferblatt ein oder zwei Stücke des Forellenfilets legen, je nach Blattgröße; leicht salzen und pfeffern. Das Blatt zu kleinen Täschchen einschlagen, wie bei kleinen Frühlingsrollen. In jeden Teller vier dieser Täschchen legen und mit sehr heißer Brühe auffüllen, kurz ziehen lassen, dann servieren. Für die Brühe ein schönes Huhn mit etwas Suppengemüse kochen, wenig Salz, etwas Zimt und Pfeffer. Brühe klären und entfetten.

Christel Böcher, Braunschweig:

FRÜHLINGSZWIEBELSUPPE

Zutaten:

8 Frühlingszwiebeln
1/2 l Geflügelbrühe
0,1 l Weißwein
2 EL Butter
0,2 l süße Sahne
Salz, Pfeffer
1 Spritzer Noilly Prat
3 EL geschlagene Sahne
3 EL kalte Butter

Zubereitung:

Das Weiße der Frühlingszwiebeln in Scheiben schneiden, in 2 EL Butter glasig dünsten. Mit dem Weißwein ablöschen, Geflügelbrühe hinzugeben, etwas einkochen lassen. Sahne hinzufügen, noch etwas köcheln lassen. Mit Salz, Pfeffer und Noilly Prat abschmecken. Zum Schluß noch die geschlagene Sahne und die kalte Butter einziehen.

Christian Albrecht, Wentorf:

WIRSINGSUPPE MIT CURRY

Zutaten:

500 g Wirsing
150 g Kartoffeln
3/4 l Gemüsebrühe
knapp 1/8 l Schlagsahne
Butter
Curry, Salz

Zubereitung:

Etwa ein Drittel des Wirsings stelle ich beiseite, der Rest wird grob gehackt und zusammen mit den gewürfelten Kartoffeln in Butter angedünstet. Dann gebe ich einen knappen EL Curry dazu, fülle mit der Brühe auf und lasse das Ganze etwa 25 Min köcheln. Anschließend wird die Suppe püriert, die Hälfte der Sahne zugegeben und leicht gesalzen.
Den übrigen Wirsing schneide ich in feine Streifen und dünste ihn ebenfalls in Butter an, füge ein wenig Wasser zu und lasse ihn 5 Min weiter dünsten. Direkt vor dem Servieren schlage ich den Rest der Sahne steif und gebe sie mit den Wirsingstreifen in die Suppe.

Norbert Zanker, Heidelberg:

FESTTAGSSUPPE MIT LEBER- UND BRÄT-NOCKERLN
(für 4 Personen)

Zutaten:

500 g Rinderbeinscheibe (mit dem Markknochen)
750 g Rinderknochen (Fleischknochen)
3 Pfefferkörner
3 Markknochen
1 Karotte
50 g Sellerieknolle
1 kl. Lauchstange
1 kl. Zwiebel mit Schale
2 Zweige Liebstöckel
4 Zweige Petersilie
1 Lorbeerblatt
Salz, Pfeffer aus der Mühle
Muskat, frisch gerieben
1/2 Bund Schnittlauch

für den Lebernockerlteig:

150 g gemahlene Rinderleber
50 g Weißbrot oder Brötchen vom Vortag
1/2 Tasse Milch-Sahne-Mischung
1 Ei
1 EL neutrales Öl
1/2 El feingeschnittene Zwiebel
1/2 EL feingeschnittene glatte Petersilie
1/2 TL getrockneter Majoran
2-3 EL Semmelbrösel
Salz, Pfeffer aus der Mühle

für den Brätnockerlteig:

150 g Kalbsbrät, ungewürzt
1/2 Tasse Milch
1 EL Butter
1/2 EL feingeschnittene Zwiebel
1/2 EL feingeschnittene Petersilie
1 Ei
3-4 EL Semmelbrösel
Salz, Pfeffer aus der Mühle
Muskat, frisch gerieben

Zubereitung:

Das Mark der 3 leicht angewärmten Markknochen herausdrücken und etwa 2 Std kalt

wässern, danach trockentupfen, in dünne Scheiben schneiden und kühlstellen.
In einem großen Suppentopf die Beinscheibe und die Fleischknochen mit 1,75 l kaltem Wasser aufkochen, 1 Min wallen lassen und dann das Blanchierwasser durch frisches, kaltes Wasser ersetzen. Die leeren Markknochen und die Pfefferkörner dazugeben, kurz aufkochen lassen und danach nur leicht sieden, Schaum abschöpfen.
Nach 90 Min die 7 Suppenwürzer dazugeben, vorher Karotten/Sellerie zerkleinern.
Nach weiteren 30 Min den Topf von der Herdplatte nehmen, etwas abkühlen lassen und die Fleischbrühe durch ein Haarsieb abgießen; nicht alles Fett (Geschmacksträger!) abschöpfen. Die Fleischbrühe kräftig abschmecken und kühlstellen.
Lebernockerlteig: Das in feine Scheiben geschnittene Weißbrot mit etwas Salz bestreuen und mit der heißen Milch-Sahne übergießen.
Das Ei, das Öl, die Zwiebel, die Petersilie, den Majoran sowie etwas Salz und Pfeffer zur Rinderleber geben und kurz verrühren.
Das eingeweichte Weißbrot und etwas Semmelbrösel zugeben und alles zu einem geschmeidigen Teig abrühren. Den Nockerlteig etwa 30 Min ruhen und anziehen lassen.
Brätnockerlteig: Das Kalbsbrät mit der erwärmten Milch verrühren. Die Mischung aus Zwiebel und Petersilie in der heißen Butter leicht andünsten und mit dem Ei zu der Brätmasse geben.
Mit Salz, Pfeffer und Muskat würzen, etwas Semmelbrösel zugeben und alles zu einem geschmeidigen Teig abrühren. Den Nockerlteig etwa 30 Min ruhen und anziehen lassen.
Die Konsistenz beider Nockerlteige prüfen und entsprechend (wenig) Semmelbrösel oder Fleischbrühe einarbeiten. Etwa 0,8 l Kochbrühe (halb Fleischbrühe, halb Wasser) erhitzen und die Temperatur auf den Siedepunkt einstellen. Mit zwei Eßlöffeln (öfters anfeuchten) zuerst 10-12 Lebernockerln formen und in dieser Kochbrühe ziehen lassen.
Die Lebernockerln, sobald sie nach etwa 20 Min gar sind, herausnehmen und zugedeckt warmhalten.
Die Brätnockerln ebenso formen und etwa 15 Min garziehen lassen. In der Wartezeit 1 l der vorbereiteten Fleischbrühe

erhitzen. Alle Nockerln in eine vorgewärmte Suppenterrine legen und die heiße Fleischbrühe vorsichtig dazugießen. Die vorbereiteten Markscheiben und den in feine Röllchen geschnittenen Schnittlauch in die Terrine geben und sofort servieren.

Anmerkungen:

Beim Lebernockerlteig den getrockneten Majoran nicht durch frischen ersetzen; trockener würzt intensiver und die Petersilie bringt schon genügend Grün dazu.
Die Nockerln können auch mit einem Eßlöffel im Handballen geformt werden; Löffel und Handballen jedesmal anfeuchten.
Beim Garen der Nockerln beachten, daß die rohe Leber etwas mehr Hitze und längere Garzeit erfordert als das sehr feine Kalbsbrät.
In der gekühlten Fleischbrühe werden sich am Boden des Gefäßes noch Trübstoffe abgesetzt haben, die zurückgehalten werden sollten.

Dr. Armagan Ok, Konstanz:

SCHAFSKÄSESUPPE

Zutaten:

250 g Schafskäse
1 EL Butter
2 mittelgroße Eier
1 TL trockene Minze
(evtl. Zitrone)

Zubereitung:

Gut zerbröckelten Schafskäse und Butter in einem Topf unter Rühren solange erwärmen, bis der ganze Käse gelöst ist.
2-3 Glas Wasser hinzufügen und warm halten. In einem anderen Gefäß die Eier gut verrühren und in die lauwarme Suppe unterheben. Die Suppe erhitzen und kurz vor dem Kochen vom Feuer nehmen. Minze dazugeben und etwas durchziehen lassen. Nach Belieben noch mit Zitronensaft würzen.

Warme Vor- und Zwischengerichte

Sissi Börngen, Bollingstedt:

PIROSCHKI

Zutaten:
für den Teig:

250 g Mehl
200 g Butterstücken
1 Ei
1 EL Eiswasser
½ TL Salz
1 Eigelb mit Sahne gemischt (zum Bestreichen)

für die Fülle:

250 g geräucherter Schinkenspeck (sehr klein gewürfelt)
65 g Korinthen

Zubereitung:

Mehl, Butter und Ei, Salz und Wasser zu einem Teig kneten und für mindestens 1 Std kühlen. In 4 Teile teilen. Jeweils 1 Teil auf einer bemehlten Fläche etwa 2 mm dick auswellen und Kreise von 6-7 cm Durchmesser ausstechen.
Auf jeden Kreis 1 Eierlöffel Fülle setzen, die Teigränder mit Wasser anfeuchten und zusammendrücken. Mit Eigelb-Sahne-Mischung bepinseln.

Den Backofen auf 200° vorheizen.
Die Piroschki auf Bleche mit Backpapier legen und bei 180° etwa 20 Min backen.
Sie eignen sich gut zum Einfrieren. Sie sollten noch lauwarm einzeln auf einem mit Backpapier belegtem Blech eingefroren werden. Wenn sie fest sind, in Beutel füllen.
Bei Bedarf in den auf 200° vorgeheizten Ofen geben, aufbacken und heiß servieren.

Elisabeth Dreher, Freiburg:

KÄSEPASTETCHEN

Zutaten:
für den Teig:

175 g Mehl
125 g tiefgekühlte, harte Butter
1 Prise Salz
1 EL kaltes Wasser
1 Eigelb zum Bestreichen des Teiges
4 Petersilienzweige, zur Tellergarnitur
8 halbierte Gewürztomaten, zur Tellergarnitur

für die Pastetenfüllung:

200 g Greyerzer Käse, selbst gerieben
1 Ei
¼ l süßer Rahm
Muskatnuß zum Würzen
Butter zum Ausstreichen der Backförmchen

Zubereitung:

Der Teig sollte am Vortag hergestellt werden und kühl ruhen. Es reicht für 10 Törtchen Durchmesser 9 cm. Ich kaufe Gruyère surchoix und reibe ihn selbst.
Der Teig muß mit kühlen Händen ganz fix bereitet werden, sonst gerinnt er. Das Mehl auf den Tisch sieben, mit einem groben kalten Reibeisen die harte Butter darüberreiben, Salz dazugeben und 1 EL kaltes Wasser. Zu einem Teig zusammenarbeiten, in ein Tuch einschlagen und bis zum Gebrauch in den Kühlschrank legen.
Von den 200 g Käse 5 TL wegstellen, den Rest mischen mit dem Ei, dem halben Rahm und einem Hauch geriebenen Muskatnuß. Den Teig dünn auswellen. Die Förmchen mit Butter ausstreichen, mit Teig auskleiden, die Seitenwände mit Eigelb

bestreichen, knapp zur Hälfte mit Käsemasse füllen, darüber in jedes Pastetchen 1 TL Rahm und darüber eine Prise geriebenen Käse streuen. Bei mittlerer Hitze im Backofen ca. 1/2 Std backen, bis sie hellbraun sind. Heiß servieren.

Richard Fluehmann, CH-Ascona:

PIZZA AL GORGONZOLA

Zutaten pro Pizza:

150 g Mehl
10 g Hefe
1 dl lauwarmes Wasser
1 EL Olivenöl
1/2 gestrichener TL Salz

für den Belag:

1 EL Olivenöl
100 g Gorgonzola
1 Mozzarella
1 Zwiebel
Salz, Pfeffer

Zubereitung:

Zuerst lösen wir die Hefe in lauwarmen Wasser auf. Dann geben wir das Mehl, eine Prise Salz und einen EL Öl in die Rührschüssel. Mit einer Gabel vermengen wir das Ganze solange, bis sich Klumpen bilden. Wir kneten ihn nun 10 Min lang.
Danach ziehen wir den Teig mit der Hand aus und legen ihn auf ein eingefettetes Kuchenblech (Durchmesser 33 cm). Mit einer Gabel durchstechen wir ihn ein paarmal, damit sich beim Backen keine Blasen bilden. Er soll nun mindestens 1 Std ruhen.
In der Zwischenzeit heizen wir den Ofen vor.
Anschließend verstreichen wir einen EL Öl über den Teig. Mozzarella und Gorgonzola schneiden wir in Stücke und verteilen sie über den Teig. Die Zwiebel schneiden wir der Breite nach in dünne Scheiben. Dann drücken wir die Zwiebelringe heraus und verteilen sie auf dem Käse. Wir achten darauf, daß wir 3 cm Abstand vom Rand haben: Wenn der Käse schmilzt, läuft er gerne über die Pizza hinaus!
Die Pizza wird 15 Min auf der untersten Rille gebacken.

Gertie Östermann, Kernen-Rommelshausen:

KRÄUTERBLÄTTCHEN IN NUDELTEIG

Zutaten:

Nudelteig
Blättchen unterschiedlicher Kräuter wie Salbei, Basilikum, Pimpernell, Majoran, Oregano je nach Geschmack und Verfügbarkeit

Zubereitung:

Dieses Rezept ist arbeitsaufwendig, läßt sich aber sehr gut vorbereiten.
Den Nudelteig kneten und unter einer Schüssel ruhen lassen. In der Zwischenzeit die Kräuter verlesen, d.h. einzelne Blätter abzupfen, auch den Stiel bis zum Blattanfang entfernen. Es ist dabei sehr wichtig, nur kleine weiche und junge Blättchen zu nehmen, die wirklich völlig einwandfrei und schön in der Form sind. Wenn das Blatt zu groß ist, sind die Adern zu hart und zerschneiden den Nudelteig. Die Zahl der Blättchen hängt mit der Zahl der

unterschiedlichen Kräuter und der Zahl der Gäste zusammen. Wir rechnen immer mit etwa 15 Blättchen pro Person, damit auch mal etwas schief gehen kann.

Den Nudelteig normal bearbeiten, d.h. partienweise mehrfach durch die Nudelmaschine drehen und nach und nach bis zur dünnsten Stufe durchdrehen. Auf den einen Nudelstreifen die Kräuterblättchen in gleichmäßigem Abstand flach auflegen und mit einem zweiten Nudelteigstreifen bedecken. Ganz leicht festdrücken und dann noch einmal durch die Nudelmaschine auf der dünnsten Stufe drehen. Der Teigstreifen darf nicht zu breit sein, weil er sich bei diesem Vorgang natürlich auch stark verbreitert und verlängert, ebenso wie die Kräuterblättchen flach gedrückt und vergrößert werden. Dann mit einem Teigschneider in der Form der Kräuterblättchen mit etwas Rand abrollen, damit der Rand hübsch aussieht, und auf bemehltes Tuch oder Nudelbrett legen.

So Teil für Teil weiterarbeiten, bis entweder Teig oder Blättchen aufgebraucht sind. So weit kann man alles vorbereiten. Wenn der Gang serviert werden soll, die Nudeln kochen, abschütten und dann, je nach Geschmack in Butter oder auch in bestem Olivenöl schwenken und servieren.

Einfach ohne jede Dekoration und ohne weitere Beilage servieren, nur darauf achten, daß bei verschiedenen Kräutern jeder Gast von jeder Kräuterart etwas bekommt.

Anemone Szczesny-Friedmann, F-La Croix-Valmer:

PERLZWIEBELN, KAROTTEN UND LAUCH MIT GRÜNEM PFEFFER UND ROSINEN IN MUSKATELLERSAUCE

Zutaten:

½ Tasse helle Rosinen
½ Tasse und 3 EL Muscat-Wein (z.B. Muscat de Beaumes de Venise)
20 Perlzwiebeln
20 kleine Karotten mit Blättern
5 dünne Lauchstangen
6 EL Butter
2 Thymianzweige
1 Lorbeerblatt
Salz
Weißweinessig
1 EL Zucker
2 TL abgetropfte grüne Pfefferkörner
2 EL Zitronensaft
evtl. Pfeffer aus der Mühle

Zubereitung:

Die Rosinen in der halben Tasse Muscat einweichen, bei Zimmertemperatur mind. 6 Std quellen lassen.
Die Zwiebeln kurz mit kochendem Wasser übergießen, abschrecken und schälen.
Die Karotten schälen, das Grün, bis auf einen kleinen Rest, abschneiden. Große Karotten müssen geviertelt werden. Die Lauchstangen je nach Größe in drei oder vier Teile schneiden. Sie sollten nicht länger als die Karotten sein.
Das Gemüse mit 2 EL Butter, dem Zucker, Thymian, Lorbeerblatt, und einer nicht zu zaghaften Prise Salz in eine große Pfanne geben und diese ca. 2 cm hoch mit Wasser füllen. Die Pfanne mit Aluminiumfolie abdecken, in deren Mitte man ein kleines Loch geschnitten hat.

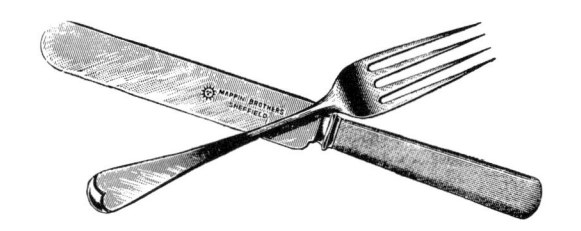

Auf hoher Temperatur ca. 10 Min – auf jeden Fall solange, bis das Gemüse nicht mehr hart ist – kochen. Die Alufolie entfernen und den Gemüsesud unter Rühren karamelisieren lassen. Den Essig und die Pfefferkörner zugeben, die abgetropften Rosinen, – Wein aufbewahren! – unterrühren und solange weiterköcheln, bis das Gemüse weich ist, aber nicht zerkocht!
Das Gemüse auf vorgewärmte Teller verteilen. Den Karamelsud mit 2 EL Wasser und dem Muscat verrühren, bei mäßiger Temperatur erhitzen, den Zitronensaft hinzufügen, die restliche Butter einrühren und die Sauce, wenn nötig, mit Salz und Pfeffer abschmecken. Durch ein Sieb über das Gemüse gießen und servieren.

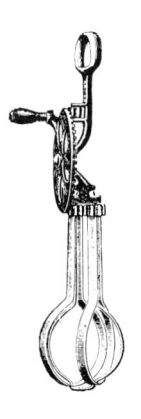

Mary und Volker Baschek, Gelsenkirchen:

BOUDINS VON KRABBENMOUSSE IN SENFSAUCE

Zutaten:

250 g gepulte Nordseekrabben mit der gleichen Menge Sahnequark (abgetropft) pürieren, mit einem Eiweiß (Klasse I) binden. Dill, Schnittlauch und etwas Pfeffer zufügen.

Zubereitung:

Vorher frage man bei seinem Fleischer, ob man von ihm einen zarten Saitling bekommen kann. Es handelt sich um einen ganz normalen Wurstdarm, der allerdings von sehr guter Qualität sein sollte. Pro Nase rechnen wir eine Wurstlänge von etwa 10 cm, macht 1,20 für 6 Gäste und 2 Würstchen.
Dieser Darm wird mittels Spritztülle des Tortenbeutels gefüllt und beide Enden abgebunden. Das klingt schwierig, ist aber einfach. Den gesamten langen Darm (in warmem Wasser) vorher säubern und von einem Ende füllen, er bläht sich dabei auf. Im Abstand von 10 cm nach Füllung – etwa eine Fingerlänge – den Darm abbinden. Dazu nimmt man keinen normalen Bindfaden, sondern das in etwa 5 mm breit geschnittete Grün einer Porreestange, es wird wie ein Schnürsenkel an beiden Enden befestigt. Die Wurst abschneiden. Diese Würste werden kurz vor dem Servieren mit Traubenkernöl eingepinselt und kommen auf die mittlere Einschubleiste des Grills oder – falls nicht vorhanden – in den Backofen. Solange bräunen, bis die Boudins eine schöne, bräunliche Farbe angenommen haben. Am besten schmecken diese Würste, wenn man einen Klecks skandinavische Senfsauce hinzufügt. Hierbei wird Estragonsenf mit Honig verrührt, man füge etwas Sherry hinzu und würze mit Dill.
Als Wein kommt einer aus der Sauvignon-Traube in Frage, wir würden zu einem guten Pouilly Fumé raten; aber ein guter Savennierès tuts ebenso wie ein Sancerre.

Inni Baumann, Rastatt:

FAZZOLETTI MIT ZANDER, OLIVEN, TOMATENMUS

Zutaten:

250 g Mehl, 2 Eier zu Nudelteig kneten, 20 Min ruhen lassen, mit der Pastamaschine zu dünnen Vierecken (ca. 10 x 10 cm) formen, »al dente« in Salzwasser kochen.
400 g Zander
100 g schwarze Oliven
Basilikum
Tomaten
Knoblauch
Olivenöl
Salz, Pfeffer

Zubereitung:

Zanderfilet salzen und pfeffern, in Mehl wenden, überschüssiges Mehl abklopfen, in Olivenöl dünsten. Die Tomaten mit kochendem Wasser übergießen und häuten. Tomatenkerne entfernen, in Streifen schneiden, Oliven um den Kern in Stücke schneiden. Basilikum in kleine Stücke zupfen. Tomaten in Olivenöl andünsten, mit Salz und Pfeffer würzen, Basilikum und ausgepreßte Knoblauchzehe dazugeben.

Anrichten:

4 Nudelecken auf Teller verteilen, den Zander in die Mitte legen, das Basilikum-Tomatenmus darübergeben.

Sissi Boerngen, Bollingstedt:

MINIQUICHES MIT LACHS

Zutaten (ergibt 48 Stück) für den Teig:

500 g Mehl
250 g Butter
2 Eigelb
Salz
½ Weinglas kaltes Wasser
Zutaten einige Stunden kühl stellen

für die Füllung:

8 Scheiben Räucherlachs (jeweils in Streifen geschnitten)
4 Eier
2 Eigelb
½ l Crème double
Salz, Pfeffer
ein paar Tropfen Zitronensaft
Butterflöckchen
weiche Butter zum Bepinseln

Zubereitung:

4 Gebäckformen, mit je 12 Förmchen von 5 cm Durchmesser, mit Butter auspinseln. Den Teig in 4 Teile teilen und jeweils dünn auswellen. 12 Kreise von 9 cm Durchmesser

Warme Vor- und Zwischengerichte

ausstechen und die Gebäckformen auslegen. In den Kühlschrank stellen. Will man die Formen ineinanderstellen, muß man in die Förmchen Streifen aus Backpapier legen.
Eier und Crème double vermischen und würzen.
Backofen auf 180° vorheizen.
Förmchen mit einem Streifen Lachs belegen und mit Creme auffüllen. Mit Butterflöckchen belegen und auf dem Ofenboden bei 175° 20-25 Minuten backen.
Heiß servieren.

Isolde Hofmann, Roßdorf:

Muscheln au Gratin

Zutaten:

Ca. 1 l Miesmuscheln
1 Bund Schalotten
6 EL Butter
¼ l trockener Weißwein
1 Bund Petersilie
4 Knoblauchzehen
80 g Parmesankäse, frisch gerieben
5 EL Semmelbrösel
Salz, frisch gemahlener Pfeffer

Zubereitung:

Die Schalotten fein schneiden und in zwei EL Butter in einem größeren Topf weichdünsten. Die Muscheln hinzufügen und mit dem Weißwein aufgießen, zugedeckt 7 Min kochen. Von Zeit zu Zeit rütteln, damit die Muscheln gleichmäßig garen, aber nicht zu weich werden lassen.
Währenddessen fein gehackte Petersilie, gepreßte Knoblauchzehen, Parmesankäse, Semmelbrösel und restliche Butter vermengen und diese Masse mit Gewürzen abschmecken.
Jeweils eine Schalenhälfte von den abgetropften Muscheln abtrennen und die Muscheln in der verbliebenen Schalenhälfte auf ein Backofenblech setzen. (Zu diesem Zeitpunkt kann man eine Prise Anis über die Muscheln pudern – eine Ingredienz im Stil von Oysters Rockefeller.) Mit der Masse bestreichen und unter dem Grill 5-8 Min überbacken.

Gabriele Lenz, Emsdetten:

Strudel von Rochenflügel und Mangold, Senf-Butter-Sauce

Etwa 12-16 große Mangold-Blätter sehr kurz in kochendem Salzwasser blanchieren, die Stengel entfernen. Die abgekühlten Blätter auf einem mit einer Klarsichtfolie bedeckten Küchentuch dachziegelartig zu einem Rechteck legen.
Die Rochenflügel sorgfältig filetieren, enthäuten, salzen und säuern, Pfeffer (weißen) aus der Mühle darübergeben.
Den Fisch flach auf dem Mangold-Bett ausbreiten und von der Breitseite her vorsichtig aufrollen. Dabei Küchentuch und Folie vorsichtig anheben.
Den Mangold-Rochenstrudel vorsichtig in eine gut gebutterte feuerfeste Form legen und mit ausgelassener Butter bestreichen.
2-3 Schalotten in Butter glasig dünsten, mit einer Tasse Weißwein und etwas Zitronensaft ablöschen. Etwas einkochen lassen und über den Rochen-Strudel geben. Das Ganze im vorgeheizten Backofen bei 180° ca.

20 Min mit einer gebutterten Alufolie abgedeckt garen lassen. Für die Senf-Butter koche ich 2-3 Schalotten mit ⅛ l trockenen Weißwein und ½ Tasse Estragon-Essig langsam auf eine Tasse ein. Dann gebe ich ca. 20 gut gewässerte kleine Kapern, einen EL Rôtisseur-Senf und eine Handvoll abgezupfte Kerbelblätter zu und püriere das Ganze mit Hilfe eines Mixstabes. Anschließend schlage ich ca. 100 g eiskalte Butter unter die Senfmischung und abschließend etwa 1 EL geschlagene Sahne, um die Sauce etwas leichter zu machen. Der Mangold-Rochenstrudel wird in 4 Teile geschnitten (am besten geht das mit dem elektrischen Messer) und auf die vorgewärmten Teller verteilt. Die Senf-Butter-Sauce darübergeben und das Ganze mit einem Kerbelblatt garnieren.

Robert Richter, Linden:

FORELLENFILET MIT SCHMANDKUCHEN, LACHSSAHNE UND FELDSALAT

Zutaten:

4 Forellenfilets
2 EL Butter
etwas Mehl
Salz, Pfeffer
6 EL Lauchwürfel
50 g Butter
0,1 l Fischfond
200 g Brotteig (beim Bäcker besorgen)
200 g Kartoffeln
1 Becher Schmand (= saure Sahne mit 20% Fett)
1 Ei
80 g mageres Dörrfleisch
1 EL Mehl
Salz
Milch
50 ml Sonnenblumenöl

Zubereitung:

Forellenfilets mit kaltem Wasser abwaschen und mit Küchenpapier trocknen. Butter in der Pfanne mäßig erhitzen und die gewürzten und leicht bemehlten Filets von beiden Seiten kurz anbraten (insg. ca. 4 Min). Den Lauch würfeln und in dem Fischfond kurz kochen, die Butter nacheinander in kleinen Stücken dazugeben (möglichst kalte Butter). Anschließend mit dem Mixstab kurz durcharbeiten.
Kartoffeln ungeschält am Vortag kochen. Gepellte Kartoffeln durch eine Kartoffelpresse geben.
Dörrfleisch in kleine Würfel schneiden und kurz anbraten. Abkühlen lassen. Zu der Kartoffelmasse geben. Schmand, Ei, Öl, Mehl und Salz ebenfalls dazumischen. Mit Milch zu einer streichfähigen Masse verarbeiten.
Den Brotteig auf einer runden, kleinen, geölten Backform verteilen. Die Kartoffelmasse fingerdick auf den Brotteig auftragen. Im vorgeheizten Backofen bei 250° ca. 25 Min backen.
Auf den vorgewärmten Tellern die Forellenfilets und jeweils ¼ des Schmandkuchens und etwas Feldsalat anrichten. Filets mit Lauchsahne angießen.

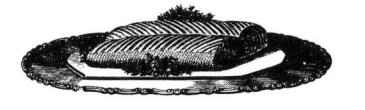

Bernhard Schindler, Schledehausen:

GARNELEN MIT BOHNEN UND MUSCHELN

Zubereitung:

1 Karotte, 1 kleine Zwiebel, 1 Stange Sellerie und 200 g am Vortag eingeweichte Bohnen (vorzugsweise toskanische Augenbohnen) in Olivenöl andünsten und in viel Salzwasser weichkochen, dann abgießen.
500 g Muscheln (Venusmuscheln, Miesmuscheln) säubern und mit etwas Weißwein kochen, bis sich die Schalen öffnen. Aus den Schalen nehmen und feinhacken; den Muschelsud durch ein feines Sieb gießen und auffangen.
8 große Garnelen aus den Schalen lösen und in Olivenöl mit 3 EL kleingeschnittenem Radicchio und dem Muschelkochsud garen, herausnehmen und je 2 Garnelen auf warme Teller legen. In die gleiche Pfanne bei mäßiger Hitze die gehackten Muscheln und die Bohnen geben, mit Salz und Pfeffer abschmecken. Mit den Garnelen anrichten.

Wilhelm Schramm, Itzgrund:

MEERESFRÜCHTEGRATIN

Zutaten:

400 g Meeresfrüchtemischung, gibt es fertig tiefgekühlt mit Muscheln, Tintenfischen, Crevetten, man kann auch ein paar feine Fischstreifen dazugeben
50 g Sbrinzkäse, gerieben (man kann auch Parmesan nehmen, aber nicht fertig gerieben, sondern unbedingt frisch)
2 dl Vollrahm
5-6 dl Fischfond (wenn nicht vorhanden nehme ich auch halb Wasser/halb trockenen Weißwein)
3 TL Senf mit grünem Pfeffer (zusammen im Mörser zerstoßen)
1 Prise Muskat
2 EL frischer Dill, geschnitten
Salz, weißer Pfeffer

Zubereitung:

Die Meeresfrüchtesammlung aus dem Tiefkühler in den kochenden Fischfond geben und warten, bis es wieder anfängt zu kochen, dann sofort die Meeresfrüchte mit der Schöpfkelle herausnehmen und abtropfen lassen. Rahm, Senf, Dill und Käse mischen und mit Salz und Pfeffer abschmecken. Die Meeresfrüchte auf Tellern oder in feuerfesten Förmchen anrichten, mit der Sauce übergießen und unter dem Grill oder im Backofen mit der Oberhitze kurz gratinieren, herausnehmen, wenn man eine leichte Bräunung an der Oberfläche des Gratins bemerkt.

Anrichten:

Die Förmchen auf Teller stellen, diesen mit Schnittlauchröllchen bestreuen und dazu frisches französisches Weißbrot reichen.
Wein: ein Chardonnay aus dem Burgund.

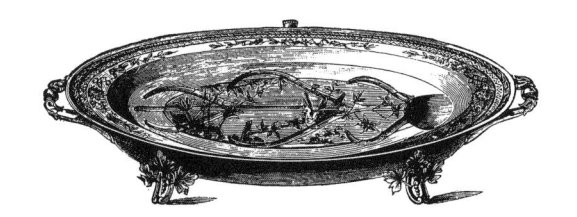

Dr. Christiane Windhorst, Töging:

RAVIOLO MIT JAKOBSMUSCHELN

Zutaten:

200 g ital. Nudelmehl
2 Eier
5-6 ausgelöste und gesäuberte frische Jakobsmuscheln
1 Glas Weißwein
100 g Butter
etwas gehackten Ingwer
Pfeffer, Salz

Zubereitung:

Das Nudelmehl mit den Eiern verkneten. Evtl. braucht man noch etwas Wasser (je nach Eiergröße). Der Teig darf jedenfalls nicht kleben und muß sich nach einer 30 minütigen Ruhepause problemlos dünn ausrollen lassen. Aus dem ausgerollten Teig schneidet man ca 5 x 5 cm große Quadrate (2 pro Person). Man kann ein frisches Petersilienblatt in eines der beiden Quadrate einarbeiten; das sieht sehr hübsch aus). Während man die Muscheln zubereitet, werden die Nudelplatten in reichlich Wasser al dente gekocht.

Die Jakobsmuscheln in Scheiben schneiden, den Corail ganz lassen. Butter zerlassen und zuerst die Scheiben, dann den Corail kurz braten und den Weißwein zufügen. Nach 3-4 Minuten die Muscheln herausnehmen, etwas einkochen, den Ingwer und die Gewürze zufügen und mit eiskalten Butterstückchen montieren. Auf einem vorgewärmten Teller 1 Nudelblatt legen, darauf die Muscheln, das zweite Nudelblatt (mit der Petersilie?) obendrauf und das Ganze mit der Sauce nappieren. Wer will, darf auch etwas Parmesan darüberstreuen.

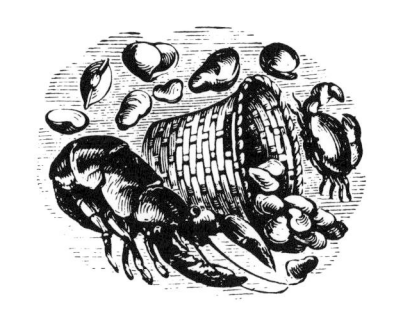

Christian Albrecht, Wentorf:

MARINIERTE LINSEN MIT LAMMFILET

Zutaten:

1 knappe Tasse möglichst kleine grüne Linsen
Weißwein
Balsam-Essig
1 Tomate
eine Handvoll Feldsalat
1 ganzes Lammfilet
Olivenöl
Pfeffer, Salz

Zubereitung:

Für dieses kleine Gericht braucht man die richtigen Linsen: grün sollen sie sein und möglichst klein.
Eine Tasse Linsen wird 2 Tage in eine Marinade aus drei Vierteln Weißwein, einem Viertel Balsam-Essig und etwas Salz gelegt und anschließend darin gekocht. Wenn ich nicht so lange vorher mit der Planung beginne, mariniere ich die Linsen einen halbe Stunde lang nach dem Kochen – dafür dann ausschließlich in Balsam Essig. Die andere Methode ist

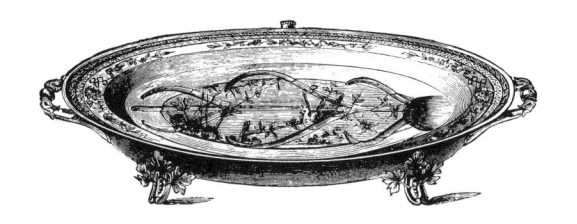

aber unbedingt zu empfehlen. Bevor ich dann auf große Teller je ein Linsen-Häufchen in die Mitte gebe, mische ich einige feine Streifchen grüne Paprika darunter und gebe noch etwas Olivenöl und – als besondere Verfeinerung – ein paar Tropfen Trüffelöl dazu.

Die Linsen umlege ich mit einem Kranz von einzelnen Blättchen Feldsalat, zwischen die ich ganz sparsam kleine Tomatenwürfel streue. Dieses Gericht läßt sich gut vorbereiten, denn á la minute muß nur das Lammfilet gebraten werden. Das rosa gebratene Filet salzen, pfeffern, in feine Scheiben schneiden und die lauwarmen Scheiben sternförmig auf die Linsen-Häufchen verteilen. Schmeckt auch gut mit Entenbrust oder Rinderfilet.

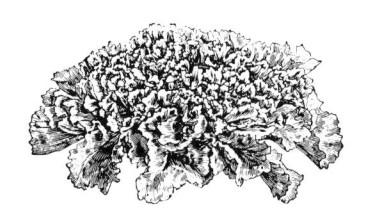

Peter Brütting, Fürth:

CROSTINI MIT HÜHNERLEBER

Zutaten für ca. 12 Stück:

150 g frische Hühnerleber
2 Schalotten
2 Knoblauchzehen
Petersilie
Olivenöl
Salz
Weißwein
1 TL Kapern
2 gewässerte Sardellen
Weißbrot (am besten italienisches)

Zubereitung:

Die geputzte Leber zusammen mit den feingehackten Schalotten und Knoblauchzehen und der sehr feingehackten Petersilie in heißem Öl anbraten. Mit dem Weißwein ablöschen. Einige Minuten köcheln lassen, bis die Leber innen nur noch rosa ist. Die Kapern und Sardellen zufügen. Alles mischen und etwas abkühlen lassen. Mit dem Pürierstab zerkleinern und auf die getoasteten Weißbrotscheiben streichen.

Prof. Dr. György Iványi, Velbert:

ZICKLEINLEBERSTREIFEN AUF LINSENGEMÜSE UND MARINIERTEN TOMATENWÜRFELN

Zutaten:
für das Linsengemüse:

6 EL ungeschälte Linsen
1,5 dl Kalbsbrühe
Bouquet garni (Porree, Möhren, Petersilienwurzel mit Grün, Lorbeer)
1 kl. Zwiebel, bestückt mit Nelke
1 geschälte Knoblauchzehe
Himbeeressig
Olivenöl
Pfeffer, Salz

für die marinierten Tomaten:

2 größere Fleischtomaten
Himbeeressig
Olivenöl
Zucker, Pfeffer, Salz

für die Zickleinleber:

1 Stück Leber, ca. 350 g, küchenfertig
Butter und Olivenöl zum Braten
Pfeffer, Salz

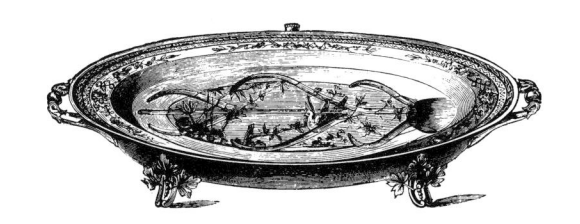

für die Sauce:

1 EL Himbeeressig
1 EL Kalbsbrühe
2 EL Rotwein
Butterflöckchen
Pfeffer, Salz

Zubereitung:

Linsen: Linsen waschen, in gleicher Menge Wasser für ca. 2 Std einweichen (Wasser wird voll aufgesaugt), mit bouquet garni, Zwiebel und Knoblauch in der Hälfte der Kalbsbrühe ungesalzen köcheln lassen, Brühe nach Bedarf nachgießen (keine Suppe!), kurz vorm Fertigwerden salzen, pfeffern, Zutaten entfernen und kaltstellen.
Vor dem Servieren: mit Himbeeressig und ein paar Tröpfchen Olivenöl abschmecken, falls zu fest, mit restlicher Brühe portionierbar machen (es muß fein säuerlich schmecken).
marinierte Tomaten: Tomaten häuten, entkernen, Fleisch grob würfeln, mit Zucker, Salz, Pfeffer abschmecken, in Himbeeressig-Olivenöl-Marinade kaltstellen (es muß erfrischend säuerlich schmecken).
Zickleinleber: Leber in längliche, ca. 5 mm dicke Streifen schneiden, mit Küchenpapier abtrocknen, mit Mehl bepudern (nicht panieren!), in Butter-Olivenöl-Mischung je Seite ca. 10-15 Sek anbraten (die Streifen müssen außen bräunlich, innen cremig sein), pfeffern, salzen.
Sauce: Die Flüssigkomponenten schnell reduzieren, kalte Butterflöckchen drunterschlagen, mit Pfeffer und Salz abschmecken. Das Ergebnis darf nur 4 bis 6 TL von sirupähnlicher Konsistenz ergeben.

Dr. N. Kecskemethy, Langen:

Lammhirnterrine mit Lammzünglein, grünem Spargel und Vinaigrette

Zutaten:

2 Lammhirne, gewässert, gesäubert und blanchiert
2 Lammzungen in kräftigem Sud gargekocht und abgezogen
500 g grüner Spargel (obere Hälfte), bißfest in Salzwasser kochen, abschrecken; lauwarm oder abgekühlt anrichten
1/8 l heiße Milch (oder etwas weniger Sahne)
15 g Weißbrotkrumen
1 Ei
etwas Petersilie
gehackte Pistazien
gehackter KNoblauch
Frühlingszwiebel
Muskat
Salz, Pfeffer

für die Vinaigrette:

15 cl Olivenöl
1 EL Zitronensaft
1 EL guter Weinessig
ein paar Tropfen Trüffelöl
gehackter Kerbel
Salz, Pfeffer

Zubereitung:

Milch mit den Weißbrotkrumen mischen, abkühlen lassen, mit den restlichen Zutaten fest vermischen, grobgehacktes Hirn untermischen und in eine gebutterte, ofenfeste Form einfüllen. Etwas aufklopfen und im Ofen im Wasserbad bei ca. 160° ca. 30 Min garen. 5 Min abkühlen lassen, aus der Form nehmen und ein paar Stunden kaltstellen.
Für die Vinaigrette alle Zutaten gut mischen.
Zunge in feine längliche Scheiben schneiden, auf großen Tellern mit einer Scheibe Terrine, grünem Spargel und Vinaigrette anrichten.

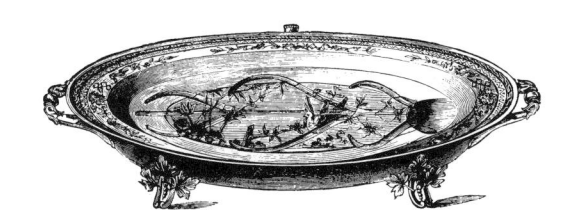

Gerhard Köllen, Sankt Augustin:

BILLES DES DIEUX

2 Bullenhoden säubern, enthäuten und parieren. 24 Std in Essigwasser wässern, mehrmals wechselnd; in ½ cm dicke Scheiben schneiden und pfeffern.
Schalotten feingehackt in reichlich Butter 8 Min anbraten. Die Scheiben darin von beiden Seiten anbraten, bis jeweils Blut austritt. Pfanne vom Feuer. Scheiben entnehmen, gleichmäßig würfeln und beiseite stellen. Sahne zugießen und aufkochen lassen. Champignons in ½ cm dicke Würfel schneiden, mitschmoren, vom Feuer nehmen. Mit Eigelb legieren, Muskatnuß und etwas Zitronensaft. Fleischwürfel untermengen. In gebutterte Förmchen ¾ hoch einfüllen. Auffüllen mit einem Gemisch aus Paniermehl, feingehackter Petersilie und frisch geriebenem altem Parmesan. Etwas Olivenöl überträufeln und gratinieren.

Joachim Naujoks, Berlin:

TORTELINI MIT KALBSBRIES IN CHAMPAGNERSAUCE

Zutaten:
für den Teig:

200 g Mehl Typ 405
70 g Hartweizengrieß
2 Eier
1 TL Wasser
1 EL Salz
1 EL Olivenöl
1 EL Balsamessig

für die Füllung:

250 g Kalbsbries
150 g Knochenmark
100 g Sellerie
100 g Schalotten
100 g Lauch
100 g Möhren
100 g Petersilie
Salz und Pfeffer aus der Mühle

für die Sauce:

400 cl Champagner oder Riesling Sekt (trocken)
400 cl Gemüsefond
10 cl Noilly Prat
2 TL Schalotten
Crème double
Butter
Olivenöl
Safran

Zubereitung:

Auf einer Arbeitsplatte werden die Zutaten zu einem nicht zu festen Teig verarbeitet. Dieser wird, zur Kugel geformt, mit einem feuchten Tuch bedeckt, für ½ Std zum Ruhen weggestellt.
Das Wintergemüse wird geputzt, in kleine Würfel geschnitten, blanchiert.
Die Knochen werden kurz in warmes Wasser gelegt, so läßt sich das Mark besser aus dem Knochenring lösen. Das Mark kommt zum Säubern in kaltes Wasser, nach ca. 1 Std wird es herausgenommen, gehackt und mit Salz und Pfeffer gewürzt weggestellt.
Das Kalbsbries am Vortag in kaltem Wasser zum Säubern wegstellen, Wasser zwischendurch erneuern. Das Bries grob säubern und mit kaltem, frischem Wasser kurz ankochen und 20 Min bei schwacher Hitze garziehen lassen. Wenn das geschehen ist, löse ich aus der Briesmasse die »Röschen«

und zerteile sie zu Würfeln von ca. 1 cm Kantenlänge. Diese mische ich mit grob gehacktem Knochenmark und dem Wintergemüse.

Der Nudelteig wird noch einmal kurz durchgewalkt und zu einer Wurst geformt. Diese halbiere ich, um daraus zwei Teigplatten zu formen. Das geht am einfachsten mit der Nudelmaschine oder, etwas mühsamer, mit dem Nudelholz. Die beiden Teigbahnen werden dann wiederum zum Ruhen bzw. Trocknen weggehängt; am besten über zwei Kleiderbügel. Jetzt widme ich mich der Sauce. Die Schalotten werden kleinstgehackt in einer Sauteuse mit Öl und Butter angeschwitzt und mit Noilly Prat abgelöscht. Sekt und Fond angießen und langsam einköcheln lassen. Während die Sauce köchelt, sind meine Teigbahnen etwas aufgequollen und ich muß sie noch einmal etwas ausrollen, bevor ich mit dem Füllen beginne.

Mit einer dünnwandigen Tasse von ca. 5 cm Durchmesser Kreisflächen ausstechen. Darauf wird von der Bries-Gemüse-Mark-Füllung je 1 TL auf dem Teig verteilt. Dann den Teig zu einem Halbkreis falten und um den Finger wickeln, die Enden mit dem Daumen zusammendrücken. Der Ring aus Teig wird vom Finger gestreift und nimmt so die Form einer Tortelini an. Sie kommen in ein Haarsieb (Form eines Zylinders) und dann für ca. 3 Min in kochendes Wasser, auf ein Tuch zum Trocknen legen. Mit schwarzem Pfeffer und etwas Parmesan obendrauf in die vorgewärmten Teller mit der Sauce geben und servieren.

Guido und Werner Pollerhoff, Engelskirchen:

Lammzunge mit Spargel und Artischocken

Pro Person benötigt man je eine Lammzunge, die im Ganzen im Gemüsesud gekocht werden. Gemüsesud: eine Möhre, das Weiße einer Lauchstange, Petersilienwurzel; zerkleinern, Lorbeerblatt, etwas trockenen Weißwein und zusammen mit den vorher ca. 2 Std gewässerten Lammzungen in schwach gesalzener Fleischbrühe oder Kalbsfond aufsetzen und 30 bis 40 Min kochen.

Danach die Lammzungen herausnehmen und etwas abkühlen lassen.

Gleichzeitig wird der grüne Spargel (2 Stangen pro Person) in Salzwasser, etwas Butter und Zucker gar gekocht. Von den Artischocken werden die äußeren Blätter großzügig entfernt, halbiert, die Stengel und die Spitzen der oberen Blätter abgeschnitten. (Man nehme 4-5 Artischocken von der kleineren Sorte). Das Heu aus dem Inneren entfernen und der Länge nach in dünne Streifen schneiden und in Zitronenwasser legen. Zur weiteren Verarbeitung die Artischockenstreifen in Olivenöl mit etwas Zitronensaft, Salz und Pfeffer gar dünsten. Den Spargel in 3 cm lange Stücke schneiden und zu den Artischocken geben. Die Vinaigrette für die Lammzunge: Eine Tasse des Gemüsesuds auf ein Viertel einkochen mit etwas Senf, Pfeffer, Salz und etwas Weißweinessig abschmecken und mit kaltem Olivenöl aufschlagen. Feingehackte glatte Petersilie, Kerbel und frische Thymianblüten dazu.

Von den Lammzungen die Zungenwurzeln entfernen und die Zungen häuten. Dann die

Zungen in schrägen Scheiben aufschneiden und auf einem Teller anrichten, die Vinaigrette über die Lammzungen, Spargel mit Artischocken daneben anrichten.

Dr. Johannes Schneebacher, I-Bozen:

HIRNRAVIOLI IM STEINPILZBETT

Zutaten:

200 g Hartweizenmehl
2 Eier
1 Eigelb
Salz
1 EL Öl
Ei zum Bestreichen

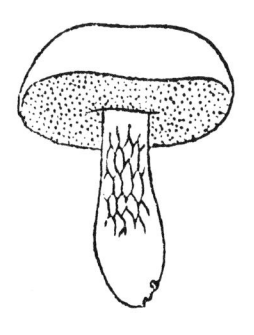

für die Fülle:

150 g Kalbshirn
1 Lorbeerblatt
einige Pfefferkörner
etwas Salz
2 Schalotten
20 g Butter
Salz, Pfeffer
1 EL gehackte Petersilie

für das Steinpilzbett:

Handvoll getrocknete Steinpilze
Cognac
Fleischglace

Zubereitung:

Für den Nudelteig das Mehl auf ein Nudelbrett sieben, in der Mitte eine Vertiefung machen, alle Zutaten hineingeben und das Ganze zu einem festen Teig kneten.
Für die Fülle das Hirn gut wässern, dann die Haut abziehen und mit Salz, Pfefferkörner sowie dem Lorbeerblatt ca. 20 Min pochieren. Hirn abkühlen lassen, kleinhacken. Butter in einer Pfanne erhitzen, gehackte Schalotten anrösten, das Hirn dazugeben und mit gehackter Petersilie abschmecken.
Den Nudelteig in zwei Hälften teilen. Zunächst eine Hälfte dünn ausrollen, mit Ei bestreichen und die Fülle mit einem Dressiersack punktweise aufspritzen. Die zweite Teighälfte ausrollen, über den ersten Teig legen und gut andrücken. Mit einer beliebigen Form Ravioli ausstechen und in Salzwasser ca. 5 Min al dente kochen. Getrocknete Steinpilze in Cognac ca. $1/2$ Std einweichen, dann erhitzen, bis der Cognac verdampft ist, mit Fleischglace auffüllen, wieder reduzieren, bis eine sämige Sauce entsteht.

FISCHE

Erika Altenburg, Bonn:

DORADE IM LORBEERBETT

Zutaten:

1 küchenfertig vorbereitete Dorade (die für 4 Personen als Zwischengang reicht)
frische Lorbeerblätter
Salz, Pfeffer
trockenen Weißwein (Mosel-Riesling)

Zubereitung:

Den Fisch innen mit Salz und Pfeffer einreiben. Eine flache feuerfeste Form mit Lorbeerblättern auslegen, den Fisch drauflegen, ein Glas Wein angießen und zugedeckt (mit in Olivenöl getränktem Pergamentpapier) bei milder Hitze im Backofen garen.

Dr. Karl-Heinz M. Bauer, Augsburg:

GEFÜLLTE LACHSFORELLE

Zutaten:

1 Lachsforelle mittlerer Größe
150 g Weißfischfilet
1 Scheibe Toastbrot
4 EL süße Sahne
Salz, weißer Pfeffer zum Abschmecken
200 g frische Spinatblätter
Semmelbrösel nach Bedarf (einige EL maximal)

Zubereitung:

Von der Bauchseite her aus der frisch geschlachteten Lachsforelle die Rückgräte vorsichtig auslösen (5 cm vor dem Schwanz abschneiden); waschen und trockentupfen.
Spinat waschen und die Blätter auf ein Geschirrtuch legen, ein anderes darüberlegen und trockentupfen.
Aus dem Weißfischfilet, der in der süßen Sahne eingelegten Toastbrotscheibe, Salz und Pfeffer und ggf. Semmelbrösel eine glatte Farce machen.
Den Hohlraum des Fisches mit Spinatblättern auslegen, darauf die Fischfarce; den Fisch vorsichtig in ein Tuch (50 x 50 cm) einwickeln; an den Enden mit Draht verschließen; die Drahtenden mit einer kleinen Schlaufe versehen und den eingewickelten Fisch an einem Kochlöffel befestigen.
In einen großen flachen Topf oder Bräter 10 cm hoch Wasser auffüllen und zum Kochen bringen. Den Fisch vorsichtig hineinlegen, indem man den Kochlöffel schräg auf den Topfrand legt. Die Kochplatte ausschalten und den Fisch 15 Min im Wasser ziehen lassen. Herausnehmen, aufwickeln und quer aufschneiden.

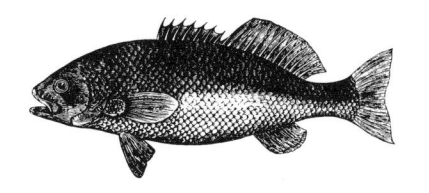

*Christel Böcher,
Braunschweig:*

LACHS UND ZANDER
IN BLÄTTERTEIG MIT
ZITRONENSAUCE

Zutaten:

*4 Blätter tiefgekühlter Blätterteig
ca. 300 g Zanderfilet
ca. 200 g Lachsfilet
16-20 große Blätter Spinat
2 Eier
1 Becher Crème double
Salz, Pfeffer, Muskat
4 EL Hummerfond
4 EL geschlagene Sahne*

für die Zitronensauce:

*1/2 Glas Weißwein
1 Schuß Noilly Prat
1 Schalotte
1 Glas Hummerfond (abzügl.
der 4 EL für den Fisch)
1/2 Becher Schmand
4 EL geschlagene Sahne
4 EL Butter
1 Zitrone*

Zubereitung:

Blätterteig auftauen, zum Rechteck von etwas mehr als DIN A 4 ausrollen. Blanchierte, gut trockengetupfte Spinatblätter darauf verteilen (Ränder frei lassen).
Sehr kaltes Zanderfilet in Stücke schneiden, in der Küchenmaschine zerhacken, mit Salz, Pfeffer und Muskatnuß abschmecken. Dann ein Ei dazu, weiter hacken, Creme double dazu, weiter hacken, 4 EL Hummerfond dazu, durchhacken. Dann 4 EL geschlagene Sahne darunterheben. Dieses Masse auf dem Spinat verteilen, in die Mitte das leicht gesalzene Lachsfilet legen, zuklappen, Nahtstellen mit verquirltem Ei verkleben. Nahtstelle nach unten auf ein Blech mit Backpapier legen, 1/2 Std ruhen lassen. Mit Ei bestreichen, im vorgeheizten Backofen bei ca. 200° ca. 1/2 Std backen. In diagonale Scheiben schneiden.

Sauce:

Schalotte klein würfeln, mit dem Wein, Noilly Prat und dem Hummerfond aufkochen und auf mindestens die Hälfte reduzieren. Schmand dazu und noch 10 Min bei offenem Topf köcheln lassen. Abgeriebene Zitronenschale dazugeben, im Mixer aufschlagen, Saft einer halben Zitrone (nach Geschmack auch mehr) dazu. Danach Butter und Sahne hineingeben und nochmals kurz durchmixen.
Auf 4 große Teller einen Soßenspiegel gießen, die Fischscheibe mittig darauflegen.

Anmerkung:

Oft bekomme ich keinen frischen Spinat, dann nehme ich gefrorenen Blattspinat. Den taue ich auf und tupfe ihn mit Küchenkrepp trocken. So gut es geht, versuche ich dann, die einzelnen Blätter zu entwirren.

*Sissi Börngen,
Bollingstedt:*

SEETEUEFL UND
HUMMERKRABBEN IN
SCHNITTLAUCHSABAYON

*Zutaten
für das Schnittlauchsabayon:*

*4 Eigelb
2 x 100 ml trockener Wermut
(Noilly Prat)
100 ml trockener Champagner
100 ml Fischsud
200 g Butterstückchen
100 ml Crème double
1-2 Schalotten*

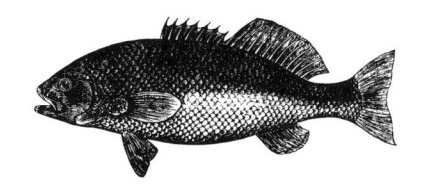

1 Bund Schnittlauch (feingeschnitten)
Prise Muskat
Prise Zucker
Salz, Pfeffer,
Zitronensaft
sehr feine Schnittlauchstangen zum Dekorieren

für den Fisch:

4 kleine Seeteufelschwänze (je 200 g)
16 kleine Hummerkrabben
1/8 l trockenen Weißwein
1/8 l Fischfond
10 g Butter
1 Schalotte
16 Babykartoffeln
Salz, Pfeffer

Zubereitung:

Sabayon:

Schalotten ganz fein würfeln, mit 100 ml Noilly Prat in eine kleine Kasserolle geben, zum Kochen bringen und so lange kochen bis der Wermut fast verdampft ist, die Zwiebeln zu karamelisieren beginnen und sich golden färben. Crème double aufgießen und bis auf die Hälfte einkochen. Zur Seite stellen.
Wermut, Champagner und Fischfond auf ein Viertel einkochen (ca. 4-5 EL Flüssigkeit). Im Wasserbad die Eigelb aufschlagen, nach und nach den Fond zugeben, weiterschlagen. Butterstückchen einarbeiten. Die Schalotten-Sahne unterziehen, würzen und kurz vor dem Servieren Schnittlauch einrühren und nochmal abschmecken. Im Wasserbad warmhalten, manchmal umrühren.

Fisch:

Seeteufelschwänze in 8 Filets zerteilen, Hummerkrabben putzen.
In einer Kasserolle, in der die Fischteile nebeneinander Platz haben, Butter zerlassen und die Schalotte anschwitzen, Wein und Fond dazugießen und zum Simmern bringen.
Fisch würzen und in die Kasserolle legen. Auf die Fische gebuttertes Pergamentpapier legen und 6-10 Min pochieren. Sabayon auf gewärmten Tellern verteilen, die abgetropften Fische und Krabben darauf anrichten mit je 2 Babykartoffeln. Mit Schnittlauchstengeln dekorieren.

(Sabayon nach Witzigmann)

Dr. Roland Brandel, Konz:

Zander in Zitronenbutter

Zutaten:

2 Zander bzw. Seezungen
250 g Butter
1 Zitrone

Zubereitung:

Die Zander bzw. Seezungen werden filetiert. In einer Pfanne 250 g Butter zergehen lassen bis sie schäumt. Anschließend etwas Zitrone hinzuträufeln und die Zander- bzw. Seezungenfilets jeweils 1-2 Min auf jeder Seite anschmoren lassen. Gleich anschließend auf einem warmen Teller servieren, mit der übriggebliebenen Zitronenbutter übergießen. Dazu Baguette.

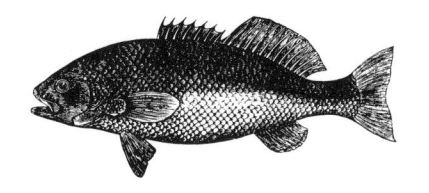

Hannelore und Theodor Dopheide, Münster:

KRABBEN AUF BLATT-
SPINAT MIT SAFRANSAUCE

Zutaten:

250 g Krabben (gekochte und geschälte Nordsee- oder Grönlandkrabben)
Salz, weißer Pfeffer
Cayennepfeffer
500 g Spinat
25 g Butter
Salz, weißer Pfeffer
Muskat
200 g Fischfond
150 g Sahne
1 Schalotte
1-2 EL trockener Wermut (Noilly Prat)
etwas Zitronensaft
Salz, weißer Pfeffer
1 Prise Safran

Zubereitung:

Spinat sorgfältig verlesen, waschen und in kochendes Salzwasser geben, bis er zusammenfällt. In ein Sieb schütten; das Wasser gut ausdrücken; grob hacken.
Butter im Topf zerlassen, Spinat in der heißen Butter schwenken; mit Salz, Pfeffer und Muskat würzen.
Die feingehackte Schalotte in Butter anziehen lassen; mit Fischfond ablöschen. Auf guter Mittelhitze Fischfond bis zur Hälfte reduzieren, Sahne und Wermut zugeben und weiter bis zur gewünschten Konsistenz reduzieren. Mit Salz, Pfeffer, evtl. etwas Zitronensaft und Safran würzen. (Man kann die Sauce etwas dicklicher einkochen lassen und dann zum Schluß mit einem guten Schuß trockenen Sekt noch einmal aufkochen.)
Ca. 1/4 l Wasser zum Kochen bringen, mit Salz, Pfeffer und etwas Cayennepfeffer würzen. Die Krabben kurz in das kochende Wasser geben; sofort wieder in ein Sieb gießen (sie sollen nur erwärmt werden). Den Blattspinat auf erwärmte Teller geben, die Krabben darauf anrichten und mit der heißen Safransauce überziehen.
Anmerkung: Statt der Krabben lassen sich selbstverständlich auch andere Garnelen, Scampis oder auch z.B. kurz in Butter gebratene Lachsforellenfilets verwenden.

Dorle von Estorff, Barnstedt:

BARNSTEDTER FORELLEN

Zutaten:

Filets von mittelgroßen Forellen
2 Porreestangen
1 Bund Dill
1 Becher Crème fraîche
Salz, Pfeffer
Zitronensaft von 1 Zitrone
100 g Butter

für den Fischsud:

Abfälle der Forelle; wenn man bekommen kann: Fischabfälle von Salzwasserfischen
1 Knoblauchzehe
1/2 Fenchelknolle
1 Karotte
1 Fl. trockenen Weißwein
1 Lorbeerblatt
1 EL Öl

Zubereitung:

Die Filets salzen, pfeffern und mit Zitronensaft begießen. 1 Std liegen lassen. Das Weiße vom Porree in feine Scheiben schneiden und mit 50 g Butter andünsten. Für den Fond das Gemüse klein schneiden, in Öl

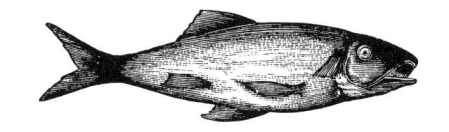

andünsten, die Fischabfälle zufügen, alles dünsten, mit dem Wein auffüllen, salzen und ½ Stunde langsam kochen. Den Fond durchseihen, noch etwas einkochen, Crème fraîche und 50 g Butter einrühren. Darf nicht mehr kochen, abschmecken.
In eine Form den gedünsteten Porree tun, darüber die abgetropften Forellenfilets legen. Mit der heißen Sauce übergießen. Für ca. 10 Min in den vorgeheizten Ofen (200°). Der Fisch muß noch glasig sein. Teller mit Dill bestreuen.

Edith Fabry, Villingen:

LOTTE UND STEINBUTT IM GEMÜSESUD

Zutaten:

400 g Steinbuttfilet
400 g Lotte
1 Stange Lauch
2 Karotten
4 Schalotten
1 Knoblauchzehe
2 Zweiglein Dill
1 Lorbeerblatt
4-5 Petersilienstiele
8 Korianderkörner
8 Pfefferkörner, weiß
4 Champignons
1,4 dl Weißwein
Salz, Pfeffer
1½ EL trockenen weißen Wermut
1 TL Pernod
¼ l Wasser und Gräten von Seezunge und Steinbutt

Zubereitung:

Den Lauch in ½ cm dicke Ringe und die Karotten in Scheiben schneiden. Lauch, Karotten, die geschnittenen Schalotten, die ganze Knoblauchzehe, Dill, Lorbeer und Petersilienstengel und die Fischabfälle in eine Pfanne geben. Koriander und Pfefferkörner im Mörser zerstoßen. Die Champignonköpfe in Scheiben schneiden. Weißwein und ¼ l Wasser zugießen und bei geschlossenem Deckel 30 Min kochen. Gemüse herausnehmen. Sud erkalten lassen. Gräten, Lauch, Karotten und Champignons entfernen. Den Sud ohne Gemüse in eine weite Pfanne geben. Den in große Würfel geschnittenen Fisch und den Wermut beifügen, salzen und bei kleiner Hitze langsam erwärmen. Die Flüssigkeit darf nicht kochen; sie soll nur heiß werden. Die Pfanne von der Herdplatte ziehen und den Fisch 4-5 Min zugedeckt ziehen lassen, bis das Fleisch weiß wird.
Die Fischstücke vorsichtig aus der Pfanne heben und in vorgewärmten Suppentellern anrichten. Den Sud noch etwas reduzieren, passieren, mit Salz und Pfeffer abschmecken und mit Pernod parfümieren. Lauchringe, Karotten und Champignons kurz darin erwärmen, dann über die Fischstücke verteilen und mit Dill garnieren.

Dr. Roland Gärtner, München:

HEILBUTT AUF AVOCADO-SEEGRAS-BASILIKUM-CRÈME MIT DUFTREIS

Heilbuttsteaks, ca. 250 g pro Person, von Haut, subkutanem Fettgewebe und Knorpel befreien, in eine Pfanne die schaumige Emulsion aus Olivenöl und Zitrone (etwa 2 EL Olivenöl und den Saft einer

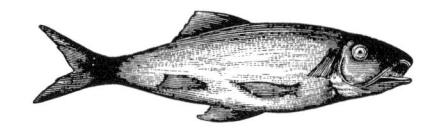

Zitrone schaumig schlagen) geben, den Heilbutt darin wenden und kalt stehen lassen. Das Fruchtfleisch einer großen, reifen Avocado kleinschneiden, in einen Mixer geben, dazu eine gute Handvoll frisches Seegras (gibt es ab Ende Mai bis Juli), eine kleingehackte Knoblauchzehe, das Fleisch einer halben Zitrone und ein kleingehacktes Bund Basilikum. Im Mixer pürieren, kein Salz zugeben, da das Seegras ausreichend salzig ist. Wenn die Masse sämig ist, langsam einen halben Becher süße Sahne zugeben und weiter schlagen. Es entsteht eine intensiv grün gefärbte sämige Masse. Das Fett der Avocado und der Sahne nehmen den Geschmack des Basilikums und des Seegrases optimal auf.

Inzwischen 2 Tassen Duftreis mit der doppelten Menge Wasser ca. 20 Min auf kleiner Flamme garen. Kurz bevor der Reis fertig ist, einen EL Reisessig zugeben und verrühren. Den Duftreis getrennt von der Avocadocreme möglichst ansprechend auf Teller verteilen. Den Heilbutt (er darf nicht gebraten werden) nur kurz (ca. 5 Min, je nach Dicke der Scheiben) auf dem Gasherd erhitzen, einmal wenden. Das Olivenöl darf bekanntlich nicht heißer als 80° werden, daher keine zu heiße Flamme, und eine Pfanne verwenden, die die Hitze gleichmäßig aufnimmt. Den Heilbutt auf die Avocadocreme betten, das Ganze mit Basilikumblättern garnieren und servieren.

Dazu serviere ich einen Chardonnay aus dem Friaul.

Kornelia und Philippe Grandemenge, Berlin:

FRICASSÉE DU SOLEIL

Zutaten:

4 kl. Scheiben Fischfilet (Kabeljau oder Rotbarsch)
4 kl. Filets von der Lotte
4 Calamares
8 Scampis
3 Zwiebeln
1 Bund Petersilie
4 Tomaten
2 Eigelb
5 dl Olivenöl (extra virgine)
2 durchgepreßte Knoblauchzehen
Safran
Salz, Pfeffer

Zubereitung:

In einer Sauteuse Zwiebeln, Tomaten und die Petersilie in Olivenöl andünsten. Salzen, pfeffern. In einer zweiten Pfanne die Calamares (8 Min), die Lotte, Scampis und Calamares (6 Min) sowie den Knoblauch und die Fischfilets (4 Min) ebenfalls in Olivenöl anbraten. Den Fisch beiseite stellen und warmhalten. Eine Aiolo aus Eigelb, Safran und Olivenöl herstellen und mit dem Tomaten-Zwiebel-Gemüse mischen. Alles zusammen heiß servieren.

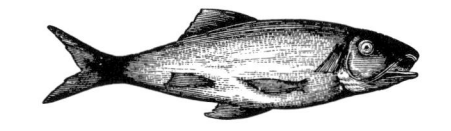

Franz-Josef Howe, Greven:

HECHT MIT BRENNESSELPÜREE UND NEUEN KARTOFFELN

Zutaten:

600 g Hecht (mit Haut und Gräten)
300 g Brennesselblätter und Spitzen
2 Schalotten
Salz, weißer Pfeffer
Zucker
50 g Butter
1 EL Frischkäse (vollfett)
Fischfond, fertig vorbereitet zum Kochen des Fisches

Zubereitung:

Brennesseln waschen (Handschuhe anziehen) und verlesen. In wenig Wasser dünsten bis sie zusammengefallen sind (ca. 15 Min). Auf ein Sieb geben und gut abtropfen (ausdrücken), etwas abkühlen lassen. Fein hacken. Schalotten mit etwas Butter andünsten, Brennesseln zugeben und mit Salz, Pfeffer, einer Prise Zucker und ggf. etwas Muskat abschmecken.

Mit dem Frischkäse leicht erhitzen.
Den Hecht (sehr vorsichtig geschuppt und ausgenommen) in 4 Scheiben geschnitten, ohne ihn zu häuten und zu entgräten, im vorbereiteten Fond pochieren. Für ganz frischen Hecht keine Zitrone verwenden. Der Fond muß gut gewürzt sein! Dauer etwa 15-20 Min.
Ganz kleine neue Kartoffeln in der Schale kochen und dem Kochwasser ein paar Fenchelsamen zugeben. (Pro Person je nach Größe ca. 6 Kartöffelchen).
Fisch, Brennessel und Kartoffeln auf 4 Teller verteilen und mit gebräunter Butter übergießen. Mit Blattpetersilie dekorieren.

Anmerkung:

Den Hecht enthäute und entgräte ich nur für empfindliche Gäste: der Geschmack leidet darunter.
Als Dekoration ist übrigens auch die Blüte der Senfpflanze geeignet, die mitgegessen werden kann.

Heinz Heller, Zweibrücken:

HUMMER IM LINSENSUD

Zutaten:

1 Hummer von ca. 800 g
250 g Linsen
2 l Fleischbrühe
50 g Bauchspeck
1 kl. Zwiebel
1 Knoblauchzehe
2 EL kleingeschnittenes Suppengrün
1 Zweig Thymian
1 Lorbeerblatt
Salz, Pfeffer
Essig
Schnittlauch

Zubereitung:

Hummer in einem kräftig gesalzenen Wurzelsud knackig kochen, was etwa 12 Min dauert (oder bereits gekocht kaufen), Fleisch aus Scheren und Schwanz auslösen, Panzer und Beine in Stücke brechen.

Linsensud:

Linsen mit den übrigen Zutaten in der Fleischbrühe aufkochen, gut abschäumen und bißfest

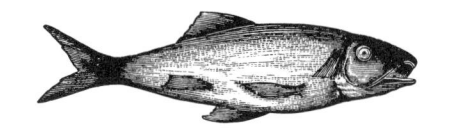

garen. Nach dem Durchseihen wird noch etwa ¾ l Sud übrig sein. 4 EL Linsen beiseitestellen und den Rest für eine andere Mahlzeit verwenden.
Die Panzerstücke und Beine im Sud fünf Minuten kräftig durchkochen, abschäumen und den Sud durch ein Tuch seihen. Damit sind die vorbereitenden Arbeiten abgeschlossen.
Schwanz und Scherenfleisch mit einem scharfen Messer längs teilen, quer in mundgerechte Stücke schneiden, in heißen Suppentellern hübsch anrichten, 1 EL Linsen auf jeden Teller geben, den sehr heißen Sud mit Pfeffer, Salz und Essig kräftig abschmecken, über Hummer und Linsen gießen. Mit etwas feingeschnittenem Schnittlauch garnieren.
Wein: Grauburgunder

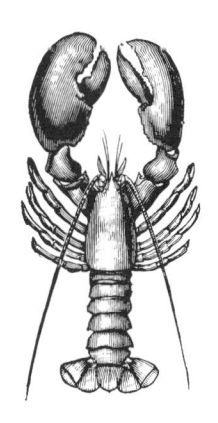

Angelika Herwerth, Karlsruhe:

STEINBUTTFILETS MIT SAFRANSAUCE UND GRÜNEN NUDELN

Zutaten:

8 Steinbuttfilets
20 g Butter
4 EL Fischfond
1 Prise Safranfäden
1 gr. Knoblauchzehe
50 ml trockener Weißwein
½ Zitrone
etwas Safranpulver
6 schwarze Oliven
Salz
250 g Zucchini (klein gewürfelt)
200 g Auberginen (klein gewürfelt)
20 g Butter
einige Blättchen Basilikum
2 EL Schlagsahne
Pfeffer, Salz
grüne Tagliatelle (Barilla)

Zubereitung:

Den Backofen auf 225° vorheizen (Heißluft 190°).
Jedes einzelne Filet mit Zitrone einreiben, zusammenrollen und mit einem Schnittlauch zusammenbinden. In eine gut gefettete feuerfeste Form stellen. Fischfond, Wein, Safranfäden und gehackten Knoblauch über die Filets gießen. 5-6 Min in den vorgeheizten Ofen schieben.
Den Sud in einen kleinen Topf abgießen, die Filets in der heißen Form abdecken und nachziehen lassen. Den Sud bei starker Hitze rasch einkochen. Etwas Safranpulver, Salz und die Oliven hinzufügen.
Während der Fisch nachzieht, in einer Pfanne die Gemüsewürfelchen in der Butter 2 Min andünsten. Basilikum hinzufügen, abschmecken und mit etwas Sahne ½ Min einkochen. Die Steinbuttröllchen auf vorgewärmten Tellern anrichten, mit der Sauce übergießen, mit dem Gemüse und den Tagliatelle servieren, mit Basilikum garnieren.

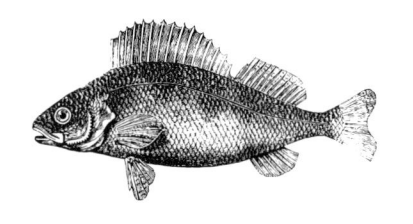

Dr. N. Kecskemethy, Langen:

HECHTSOUFFLÉ MIT SCHNECKEN IN SAUERAMPFERSCHAUM

Zutaten:

200 g Hechtfilets (oder Zander, Lachsforelle)
1 Eiweiß
1/8 - 1/4 l Sahne
Cayenne
Pfeffer, Salz
Muskat
2 Dutzend Weinbergschnecken, gereinigt und abgekocht
1 Bund frischer junger Sauerampfer
1/8 l sehr kräftiger Fischsud
1 Gläschen Riesling
1/8 l Sahne oder Crème fraîche
Zitronensaft
Salz, Pfeffer
Schnittlauch, kleingehackt

Zubereitung:

Alle Zutaten müssen gut abgekühlt sein. Man erhält dadurch eine homogene, besonders lockere Masse.
Fisch von Haut und Gräten befreien, in kleine Stücke schneiden und mit dem Mixerstab und etwas Sahne sehr fein pürieren und durch ein Sieb streichen. Kühlstellen. Die Sahne portionsweise einrühren und weiter kühlstellen; mit den Gewürzen abschmecken. Zum Schluß geschlagenes Eiweiß einrühren. In gebutterte Förmchen füllen, im Wasserbad im Ofen 20-25 Min bei 180° stocken lassen.
Schnecken in einem kräftigen Sud mit Knoblauch und Schalotten garschmoren.
In einem kleinen Topf Sud und Weißwein etwas einkochen und mit Sahne und Gewürzen aufkochen, von der Platte nehmen, Sauerampferblätter einrühren und sofort mit einem Mixerstab schaumig schlagen. Bei zu langem Kochen werden sie häßlich braun. Mit Butter und Crème fraîche montieren. In vorgewärmten tiefen Tellern mit den Schnecken und der Mousse anrichten, mit Schnittlauch dekorieren.
Man kann auch mit frischen Krabbenschwänzen oder in Weißwein gedünsteten Austern garnieren. Die Hechtmousse kann auch im Sud gestockt werden. Dazu nimmt man einen Eßlöffel voll und schabt sie mit einem zweiten, nassen Eßlöffel direkt in köchelnden Sud. Die Klößchen sind fertig gegart, wenn sie an der Oberfläche schwimmen.

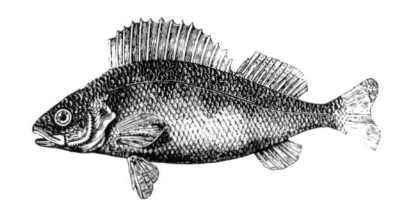

Margit Kethur, Bielefeld, und Jochen Streveld, Nordhorn:

WIRSINGROULADE MIT HECHTMOUSSE UND HUMMERFLEISCH

Zutaten:

für den Fond:

500 g Fischkopf (ohne Kiemen), Gräten, Häute
1 Stück Staudensellerie
2 Schalotten
1 Petersilienwurzel
1 Stange Lauch
30 g Butter
¼ l trockener Weißwein
¾ l Wasser
2 geschälte Zitronenscheiben
1-2 Dillstengel
2 Lorbeerblätter
6 zerstoßene Pfefferkörner
Salz

für die Füllung:

Fleisch eines ganzen Hechtes (ca. 500 g)
⅛ l Sahne
1 Ei
Cognac
Salz, Pfeffer
2-3 Dillstangen

für die Wirsingroulade:

1 schöner Wirsingkopf
100 g Hummerfleisch

Zubereitung:

Fischfond: Kopf, Haut und Gräten werden gewaschen und grob zerkleinert, danach mit den Gemüsen und der Butter leicht gebräunt. Mit Wasser und Weißwein auffüllen, danach die Gewürze zugeben. Der Sud wird einmal aufgekocht, um dann bei milder Hitze mindestens 20 Min zu ziehen. Nachdem man die Gräten herausgenommen hat, den Sud durch ein feines Sieb gießen.
Füllung: Das ausgelöste Hechtfleisch sehr sorgfältig entgräten und dann mit dem Schneidstab pürieren. Das Ei zugeben, vorsichtig salzen und pfeffern, Cognac nach Geschmack dazugeben. Die (geschlagene) Sahne unterrühren und zuletzt die feingehackten Dillspitzen dazugeben. Bis zur weiteren Verarbeitung kaltstellen.

Wirsingroulade: Den Wirsing zerteilen, waschen und die schönsten Blätter aussuchen. Sie werden blanchiert, wobei man dem Kochwasser etwas Zitrone beifügen kann. Um die frische Farbe zu behalten, sollten sie sofort danach kalt abgeschreckt werden und dann zu einem Rechteck in der Größe von ca. 25 x 15 cm ausgelegt werden. Mit der Hechtmousse gleichmäßig bestreichen, wobei die äußeren Ränder frei bleiben sollten, um zu verhindern, daß die Füllung nach dem Zusammenrollen herausquillt. Dann zwei Wirsingblätter auf das obere Drittel legen, das Hummerfleisch daraufgeben und das Ganze zu einer Roulade rollen, mit Küchenzwirn zubinden. Die fertige Wirsingroulade wird ca. 15-20 Min bei milder Hitze im Fischsud gedünstet. Zum Servieren empfehlen wir, sie mit einem guten Messer in daumendicke Scheiben zu schneiden und jeweils eine Scheibe auf einem Spiegel der Sauce zu servieren. Das frische Grün des Wirsings hebt sich sehr schön gegen die helle Füllung und die zarte Farbe der Sauce ab.
Sauce: Den Fischsud mit eiskalter Butter und etwas Crème fraîche binden. Wenn man die Sauce etwas sämiger bevorzugt, kann man auch eine größere Menge Fischsud erstellen und einen Teil davon für die Sauce so lange reduzieren, bis das gewünschte Ergebnis erzielt ist.

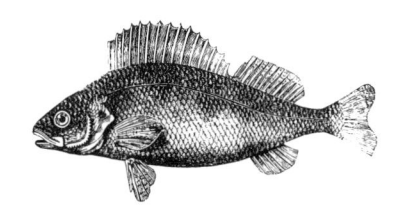

Robert und Gertrud Kreuzig, Cremlingen:

SEEZUNGE AUF HAUSGEMACHTEN BANDNUDELN MIT SAUCE HOLLANDAISE

Zutaten:

2 Seezungen
100 g Weizenmehl
3 Eier
120 g Butter
Zitronensaft
1 Tomate
Salz, weißer Pfeffer

für den Fond:

Zwiebeln
Lauch (weiß)
Petersilienwurzeln
weißer Pfeffer, Salz
Sekt

Zubereitung:

Mit Mehl und 1 Ei, ggf. etwas Öl, Nudelteig zubereiten. Salzen nicht vergessen! Mit Nudelmaschine Teig auswalzen, zu kurzen Bandnudeln schneiden. Nudeln kochen, in Crème fraîche erwärmend schwenken. Seezungen filetieren, Fondzutaten vorbereiten. Gemüse in Butter anschwitzen. Gräten zugeben, würzen, mit Sekt ablöschen, mit Wasser auffüllen, aufkochen, 15 Min bei gelinder Hitze ziehen lassen. Absieben, einkochen. Gesalzene und gepfefferte Seezungenfilets in Butter andünsten.
Sauce Hollandaise montieren, reduzierten Fischfond unterziehen. Aus der Tomate ein Concassè zur Dekoration zubereiten, mit wenig Thymian, Salz, Pfeffer abschmecken.
Nudeln auf Tellern servieren, Fischfilets auf die Nudeln geben, mit Sauce übergießen, im Backofen 2 Min bei 200° überbacken. Mit dem Tomatenconcassé garnieren.
Wein: Einen Riesling »Les Murailles« von Dopff et Irion.

Ursula Langmann, F-Fontenay-Sous-Bois:

SEETEUFEL-MEDAILLONS IN INGWER UND ZITRONENKRAUT

Aus einem Seeteufel-Schwanz 4 Medaillons von je ca. 150 g schneiden und aus der verbleibenden Wirbelsäule und den Abfällen einen Fischsud herstellen.
Die Medaillons in eine gebutterte und ofenfeste Form legen, mit 10 g geraspeltem Ingwer und 1 EL gehackter Schalotten bestreuen, salzen, pfeffern und mit einer Tasse des Fischsuds begießen. Die Form mit einem Stück Alufolie bedecken und bei 220° 1/4 Std im Ofen garen. In der Zwischenzeit aus 1/2 Schalotte, 1 Knoblauchzehe, 1 EL Honig, 1 Zitrone, 10 g geraspeltem Ingwer, 2 EL Olivenöl, 1/2 l Fischsud und einem Bund Zitronenkraut eine Sauce bereiten. Dazu das Öl in einem Topf erhitzen, gehackte Schalotte und Knoblauchzehe mit dem Ingwer darin anbräunen und mit dem Saft einer Zitrone ablöschen. Etwas einkochen lassen und den Fischsud, den Honig und das zerpflückte Zitronen-

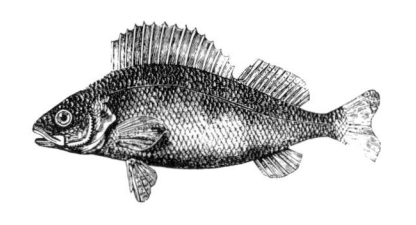

kraut dazugeben. 5 Min lang aufwallen und dann bei kleiner Flamme auf die Hälfte reduzieren lassen und durchseihen. Die Seeteufel-Medaillons auf vorgewärmten Tellern anrichten, mit der Sauce übergießen und daneben einen gestürzten Paprika-Flan (s. Seite 173) plazieren.

Petra-Andrea von Peez, A-Reith bei Kitzbühl:

GEBACKENER FOGOSCH MIT BLATTSPINAT

Zutaten:

für den Fisch:

4 Fogoschfilets (bzw. Zander)
Zwiebel
Salz, Pfeffer

für den Teig:

200 g Mehl
1 EL Öl
1/4 l Bier
2 Eier
Salz

für die Sauce:

100 ml Mayonnaise (aus 125 ml Olivenöl, 1 EL Sherryessig, 1 Eigelb, 1 TL milder Senf, Salz, Pfeffer)
100 ml Sahnejoghurt
1/2 Tasse Minizwiebelwürfel
1/2 Tasse Miniwürfel polnischer Essiggurken

für das Gemüse:

1/2 kg Blattspinat
Butter
Salz
etwas Knoblauch

Zubereitung:

Die Fogoschfilets sauberst putzen und abtrocknen. Salzen, pfeffern, mit kleinsten Zwiebelwürfelchen, Petersilie und Zitronensaft einreiben. Ziehen lassen.
Aus obigen Zutaten den (ziemlich dickflüssigen) Ausbackteig zubereiten, den Schnee aus den beiden Eiweiß erst zum Schluß unterziehen. Mindestens 1/2 Std ruhen lassen.
Gewürzte Fogoschfilets in Backteig tauchen und in sehr heißem Fett goldbraun ausbacken, auf Küchenkrepp abtropfen lassen. Geputzten und entstielten Blattspinat am Vortag blanchieren. Vor der Servieren kurz in Butter dünsten, 1 Knoblauchzehe über dem Topf auspressen, etwas salzen, gut pfeffern. Der Spinat sollte noch al dente sein. Hausgemachte Mayonnaise mit Joghurt vermischen, salzen, pfeffern, zum Schluß Zwiebelstücke und Gurkenwürfel unterziehen.
Fisch, Spinat und Sauce auf großen Tellern anrichten, ohne daß das eine ins andere fließt.

Karin Markus, Baldham:

DONAUWALLER-FRIKASSEE MIT ESTRAGON UND GEMÜSE

Zutaten:

1 Waller von ca. 2 kg
Abfälle von anderen Süßwasserfischen
Gemüse für den Sud (1 Karotte, 1 Schalotte, 1/2 Petersilienwurzel, 1 kleines Stück Sellerie, einige Stengel Estragon)
0,25 l trockenen Weißwein
1 l Wasser
Salz
5 weiße Pfefferkörner

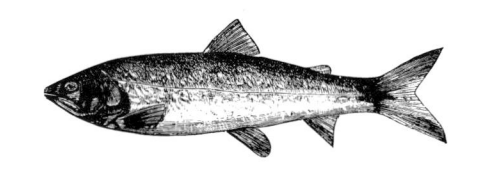

für das Gemüse:

1 kleine Karotte
1 kleines Stück Staudensellerie
das Weiße einer Lauchstange (nicht zu dick)
Butter (drei haselnußgroße Stückchen)

für die Sauce:

1/2 l Fischsud
1 kleines Glas Noilly Prat
1 Schalotte
25 g eiskalte Butterstückchen
200 g Crème double
3 EL Estragonblättchen
1 Spritzer Estragonessig

Zubereitung:

Den Waller enthäuten, filetieren und in mundgerechte Stücke schneiden.
Aus den Abfällen (Haut, Kopf und der Mittelgräte) und den anderen Weißfischen, den Gemüsen, dem Weißwein, Wasser, Salz und Pfeffer einen sehr kräftig schmeckenden Sud herstellen, abseihen, die Gemüse und den Fisch dabei kräftig ausdrücken. Für den Sud nur Süßwasserfische verwenden.
1/2 l von dem Sud mit dem Noilly Prat und der Schalotte auf die Hälfte reduzieren, mit Salz, Pfeffer und mit dem Estragonessig abschmecken, 2/3 der kleingehackten Estragonblättchen zugeben und kurz mitkochen lassen. Die Butter und die Crème double vorsichtig unterrühren. Die Sauce im Mixer aufschlagen, nochmals erwärmen und die restlichen Estragonblättchen zufügen.
Karotte, Sellerie und Lauch in hauchdünne Streifen schneiden und getrennt in der Butter anschwitzen, salzen, Temperatur zurückdrehen und einige Minuten weichdünsten lassen. Den Fischsud erhitzen, die Wallerstücke hineinlegen und ganz vorsichtig garziehen lassen. Die Fischstücke abtropfen, auf einem vorgewärmten Teller mit dem Gemüse anrichten und mit der Sauce übergießen.

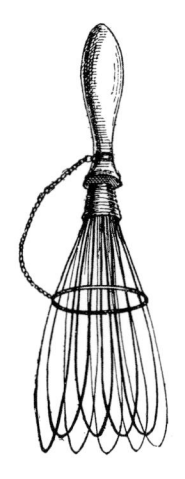

Dr. Klaus Miksits, Berlin:

Sautierter Tintenfisch mit Kaviar

Zutaten:

2 Stück frische Tintenfische (falls nicht erhältlich: tiefgekühlten Tintenfisch oder Tintenfischringe ohne Panade: 4-5 Ringe pro Person)
1 Stück Knoblauchzehe
2 Stück Zitronen
1 Glas schwarzer Kaviar
Olivenöl (z.B. toskanisches Olivenöl)

Zubereitung:

Nehmen Sie die Tintenfische aus und reinigen Sie sie gründlich mit Wasser. Schneiden Sie die Tintenfische in schmale Streifen. Kochen Sie den Tintenfisch in mit Zitronensaft und Salz gewürztem Wasser (ca. 30 Min; Konsistenz prüfen). Pinseln sie eine Sauteuse (alternativ Pfanne oder Wok) mit Olivenöl ein. Zerdrücken Sie die Knoblauchzehe in das Olivenöl. Erhitzen Sie das Öl. Sautieren Sie die Tintenfischstreifen (der Knoblauch darf dabei nicht braun werden) darin.

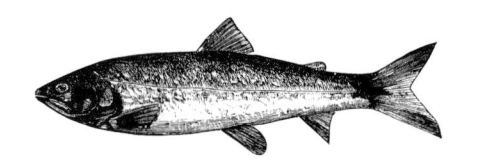

Richten Sie die Tintenfischstreifen auf einem Teller an und garnieren Sie mit schwarzem Kaviar. Sofort servieren!

Gertie Östermann, Kernen-Rommelshausen:

SEEZUNGE AUF ROTE BETE

Zutaten:

0,6 l Rote Bete Saft (Reformhaus oder Schneekoppe)
200 g Crème fraîche
500 g Rote Bete
600 g Fischfilet (ich habe in diesem Rezept Seezunge vorgesehen, es kann aber auch jeder andere feine Fisch mit weißem Fleisch, wie Seeteufel, Steinbutt etc. verwendet werden)
Zitronensaft
Salz, Pfeffer
etwas Zucker

Zubereitung:

Rote Bete Saft bis auf 2-3 EL extrem reduzieren. Crème fraîche unterrühren, erhitzen, mit Zitronensaft, Zucker, Salz und Pfeffer abschmecken.
Inzwischen Rote Bete weichkochen, schälen und in Julienne schneiden. Die Rote Bete in der Sauce wieder erhitzen.
Den Fisch mit Zitrone, Salz und weißem Pfeffer würzen und über Dampf auf den Punkt garen.

Anrichten:

Ein Bett von Rote Bete Gemüse auf dem Teller anrichten und den Fisch darauf servieren. Durch die starke Reduktion des Rote Bete Saftes behält die Sauce, trotz der Crème fraîche, eine ganz dunkle Farbe.

Günter Renger, Kempten:

POCHIERTE BODENSEE-TRÜSCHE MIT LEICHTER KRÄUTERSAUCE

Die Trüschen, die ins Netz gehen, sind nicht allzu groß, also nehme ich zwei, da sie zum Schwanzende spindelförmig dünn sind. Die Fische werden filiert und die Haut abgezogen, Rückgrat und Kopf (aber ohne Kiemen) verwende ich für den Fond. Von den Filets schneide ich die Bauchlappen und das dünne Ende ab, da es sonst zu unterschiedlichen Garzeiten kommt. Das Fleisch ist weiß, fest und grätenfrei. Die Trüschenleber ist eine Delikatesse, wer sie mag, bekommt sie separat serviert. Sonst, in Butter gebraten, esse ich sie selbst. Beim Fischhändler besorge ich mir einen Lachskopf und ein paar Parüren für den Fischfond. Was ich für den Fond verwende, gut im kalten Wasser säubern. Weiter brauche ich noch:
1 kleine Tomate, etwas Lauch, so ca. 10 cm vom weißen Ende, 1 mittlere Petersilienwurzel, 2 Schalotten, ein paar Champignonstiele, ein Stückchen Fenchel, 1 Knoblauchzehe. Dies alles in kleine Stücke schneiden. Einige schwarze Pfefferkörner, grob zerschrotet, 1 Stengel frischer Estragon, 3 Stengel glatte Petersilie, 1/4 trockenen Weißwein, ich bevorzuge einen guten Riesling, 4 cl Noilly Prat, Salz, aber wenig, denn beim Reduzieren konzentriert es sich. Das Gemüse in Butter anschwitzen, aber keine Farbe nehmen lassen. Mit Noilly Prat und Riesling ablöschen, die Fischparüren hineinlegen und mit kalten Wasser auffüllen, so daß alles gut bedeckt ist. Einmal kurz aufkochen und dann nur

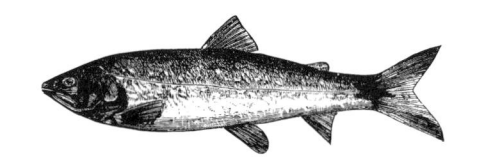

noch ganz leise ziehen lassen, ca. ½ Std. Natürlich auch abschäumen zwischendurch. Durch ein Passiertuch abseihen, nicht durchdrücken, nur ablaufen lassen. Der Fond sollte jetzt eigentlich schon klar sein. Bis auf ein ¼ l einkochen lassen. Abschmecken und wahrscheinlich gehört noch etwas Wein hinein. In eine flache Kasserolle etwas Fond geben, der den Boden gerade gut bedeckt, und aufkochen lassen. Vom Feuer nehmen, die Filets hineinlegen und einen Deckel drauf. Die Flüssigkeit darf ab jetzt auf gar keinen Fall mehr kochen. Nach 2-3 Min die Filets umdrehen und in den auf ca. 100° vorgeheizten Ofen schieben. Da die Filets relativ dünn sind, dauert der Garprozeß nur wenige Min. Aufpassen heißt die Devise. Jetzt wird die Sauce vollendet. Es sollte ca. ¼ l sein, eher weniger. Bei starker Hitze schnell aufkochen, etwas Sahne dazu und immer wieder abschmecken. Von Feuer nehmen und ein paar Stückchen eiskalte Butter einschwenken, damit Bindung entsteht. Mit dem Mixstab kurz aufziehen und dann die Kräuter dazugeben (1 TL fein gezupfter Kerbel). Die Pochierflüssigkeit kommt natürlich auch in die Sauce. Dazu gibt es gekochte, neue Kartoffeln.
Wir trinken zu diesem Gericht Riesling, es paßt aber auch ein Cremant aus dem Elsaß.

Thomas Steiner, Heppenheim:

LANGUSTINOS IM KOHLMANTEL IN SAUTERNES

Zutaten:

Pro Person 3 oder 4 Langustinos, dazu die gleiche Anzahl Kohlblätter
1 Glas Sauternes
1 EL Honig
125 g Butter
für die Brühe:
1 Lorbeerblatt ½ Schalotte
3 Petersilienstengel
1 Karotte
1 l Wasser
glatte Petersilie
Salz, Pfeffer

Zubereitung:

Brühe herstellen (etwa ½ Std kochen lassen). Kohlblätter darin blanchieren. Langustinos in der Brühe wenige Minuten ziehen lassen. 1 Tasse Brühe aufheben. Langustinos erkalten lassen und vom Körper lösen (Köpfe zur Dekoration aufheben). Langustinofleisch in Kohlblätter einwickeln.
½ Tasse Brühe, 1 Glas Sauternes, 1 EL Honig und 125 g Butter in einen Topf geben und reduzieren lassen. Abschmecken.
In diese Sauce gibt man die gefüllten Kohlblätter und läßt sie heiß werden. Anrichten und dekorieren mit Petersilie und Langustinosköpfen.

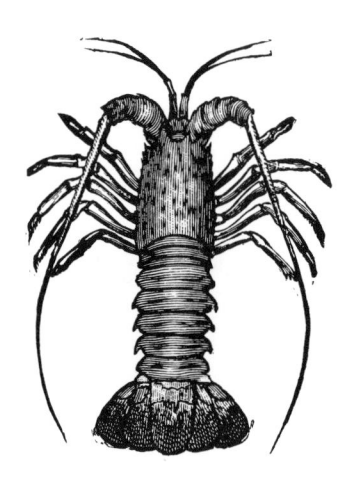

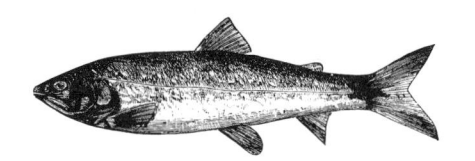

Anemone Szczesny-Friedmann, F-La-Croix-Valmer:

GOLDBRASSE MIT SCHNITTLAUCHSAUCE

Zutaten:

1 Gold(Zahn-)brasse, Daurade couronnée oder daurade rosé, ca. 1,2 kg, ausgenommen, die Kiemen entfernt, aber nicht geschuppt
250 g grobes, ungereinigtes Meersalz
Pfeffer aus der Mühle
getrocknete Fenchelzweige
1 Zitrone
3 EL Olivenöl
1 Bund Schnittlauch
2 EL trockener Weißwein
2 EL Noilly Prat
3 EL Kraftbrühe
2 EL Crème fraîche
ca. 80 g Süßrahmbutter
4 kl. Kartoffeln

Zubereitung:

Bei der Brasse, wie auch bei jedem anderen Salzwasserfisch, ist es notwendig, die Kiemen zu entfernen, weil diese dem fertigen Fischgericht einen bitteren Geschmack mitgeben. Im Gegensatz dazu schützen die Schuppen den Fisch nicht nur vor dem Austrocknen, sondern verleihen ihm auch einen leichten Zitronengeschmack. Frischen Mittelmeerfisch gibt es in allen Großstädten am Donnerstag – er darf nicht nach Ammoniak riechen, die Schuppen dürfen sich nicht leicht abstreifen lassen, das Innere der Kiemen muß dunkelrot sein, die Augen dürfen nicht in den Höhlen liegen.
Ein Backblech mit Backfolie auslegen (das vereinfacht die anschließenden Säuberungsaktionen), und eine dicke Schicht Meersalz draufstreuen. Der Fisch wird so auf das Salz gelegt, daß die Rückenseite – also nicht der aufgeschnittene Bauch – in Richtung des Backofenfensters zeigt. In den Bauch des Fisches steckt man eine halbe, in dünne Scheiben geschnittene Zitrone, einige getrocknete Fenchelzweige und ein paar grobe Salzkörner. Auf den Fisch kommen ebenfalls einige Salzkörner. Dann wird er mit ca. 3 EL Olivenöl übergossen und in den auf 250° vorgeheizten Backofen geschoben. Eine Daurade von 1200 g braucht mind. 17, höchstens 20 Min Backzeit. Wenn sich um die strahlenförmigen Rückengräten kleine Bläschen bilden, soll der Fisch aus dem Ofen. Ob das Werk gelungen ist, läßt sich erst beim Tranchieren erkennen. Das Ideal ist erreicht, wenn das Fischfleisch weiß, sehr fest, an der Mittelgräte ganz leicht glasig, aber keinesfalls rosa ist.
Während der Fisch im Ofen ist, werden die Kartoffeln in der Schale gekocht. Die Sauce kann zum großen Teil schon vor dem Fischkochen vorbereitet werden. Kraftbrühe – am besten ist eine selbstgemachte – mit Wein und Vermouth auf ungefähr 2 EL einkochen, Crème fraîche dazugeben, nochmal kurz einkochen. Wenn die Kartoffeln geschält sind, der Fisch zerteilt ist und alles auf heiße Teller verteilt, kommt der Trick mit der Buttersauce: wir spießen ein 80-100 g schweres Stück Butter auf eine Gabel und rühren damit ziemlich schnell im leise kochenden Saucenfond. Die Butter löst sich genau im richtigen Tempo auf und wenn sie, mangels Masse, von der Gabel zu rutschen droht, nehmen wir den Topf vom Feuer. Dann wird der Schnittlauch in die Sauce gerührt und auf den Fisch gegeben.

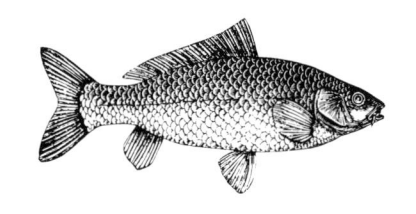

Hans-Achim von Stockhausen, Bielefeld:

GEBRATENER WOLFSBARSCH AUF PETERSILIENSAUCE

Zutaten:

1 Wolfsbarsch (ca. 1 kg)
ca. 3 EL Olivenöl
2-3 Rosmarinzweige
2-3 Thymianzweige
2-3 Knoblauchzehen
1 Schalotte
6 cl trockener Weißwein
1 dl Fischfond
ca. 20 g Butter
20-25 g Blattpetersilie
ggf. 5-10 g geriebener Parmesan
1-2 TL Zitronensaft
ca. 6 mittelgroße Kartoffeln
1 kleines Bund gekräuselte Petersilie
schwarzer Pfeffer
Salz

Zubereitung:

Den Wolfsbarsch filetieren und die Hautseite mit einem scharfen Messer rautenförmig einritzen, pfeffern, salzen und ggf. etwas Zitrone darüberträufeln. Den Wolfsbarsch in Olivenöl zunächst auf der Hautseite kräftig anbacken und umdrehen, zugleich die Rosmarin- und Thymianzweige sowie die ungeschälten Knoblauchzehen, die mit der Hand etwas gequetscht worden sind, hinzufügen, ggf. in einem nicht zu heißen Ofen anschließend etwas nachgaren. Parallel in schaumiger Butter die ganz kleingeschnittenen Schalotten andünsten und mit dem Weißwein auffüllen. Diese Flüssigkeit weitgehend reduzieren und dann mit dem Fischfond auffüllen und nochmals ca. um die Hälfte reduzieren. Die Petersilienblätter hinzufügen und im Mixer pürieren. Abschließend pfeffern und salzen und den Parmesan einrühren.
Die Petersiliensauce auf einen warmen Teller verteilen. Darauf den gebratenen Wolfsbarsch legen, ggf. mit den gebackenen Knoblauchzehen dekorieren.

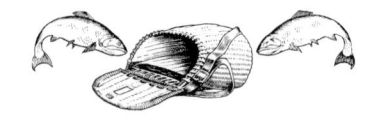

Nacéra von Veltheim, Bad Säckingen:

THUNFISCH-TOPF (DAUBE DE THON PROVENÇALE)

Zutaten für 4 Personen:

1 gr. Scheibe Thunfisch (2-3 cm dick)
2 Knoblauchzehen
2 gehackte Zwiebeln
5-6 Sardellen (in Öl, ohne Salz)
2 EL Olivenöl
abgeriebene Schale von
1 Zitrone
4 Tomaten
1 Bouquet garni (mit Fenchel)
1 Msp. Cayenne
2 Paprika
1 kl. dünne Zucchini
Weißwein
1 Msp. Zucker
schwarzer Pfeffer, Salz

Zubereitung:

Aus dem Knoblauch, 8 Pfefferkörnern und 1 gehackten Zwiebel im Mörser eine Paste rühren. Die Sardellen gut entsalzen und mit 4 davon den Thunfisch spicken. Den Fisch mit der Paste bestreichen, mit Olivenöl begießen, die Zitronenschale zugeben und 1 Std ziehen lassen. Den Backofen auf 220° vorwärmen. Die Tomaten schälen und zerdrücken. Die Marinade abkratzen, passieren, und das Öl in einem passenden Topf, am besten in einer Daubière, erhitzen. Die zweite Zwiebel darin andünsten und herausnehmen. Den Fisch 2 Min im heißen Öl anbraten, Hitze reduzieren, die gedünstete Zwiebel wieder in den Topf geben, nach 2 Min die Tomaten, nach 5 Min das Bouquet garni, Cayenne, Zucker, die Pomade und ein paar Körner Meersalz (je nach dem Salzgehalt der Sardellen). Mit Weißwein bedecken und den Topf für 35 Min bei 180° in den Backofen schieben. Die Paprika grillen. Wenn die Haut schwarze Flecken hat und Blasen wirft, in Papier wickeln, mit einem Tuch bedecken, abkühlen lassen und die Haut abziehen. Die Zucchini in Scheiben schneiden und kurz in Öl anbraten, mit den in Streifen geschnittenen Paprika und der verbliebenen Sardelle in den Fischtopf geben. Nach 15 Min den Backofen abschalten und den Topf noch 10 Min drin lassen.

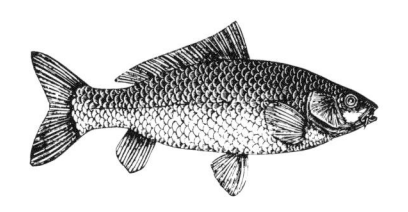

Prof. Dr. P. Weyerstahl, Berlin:

HUMMER MIT GURKEN AUF FRISCHEN NUDELN

Zutaten:

1 Hummer von etwa 800 g
2 Schalotten
50 g Bleichsellerie
50 g Möhren
100 g Champignons
50 ml Erdnußöl
200 ml Sahne
40 ml Cognac
100 ml Weißwein
einige Blätter frischer Salbei
600 g Gurken (am besten sind die kleinen ägyptischen Gurken, es gehen aber auch andere kleine, feste Schmorgurken)
50 g Butter
1 kl. Schalotte
200 g frische Nudeln, wie üblich aus 200 g Mehl, Salz, 2 Eiern und etwas Olivenöl

Zubereitung:

Den Hummer in einem großen Topf mit kochendem Wasser töten, aber nicht länger als 2 Min drin lassen. In grobe Stücke brechen, Darm und Magen entfernen. Nun in Öl anbraten, das Öl abgießen, mit der Butter und den Gemüsen noch einige Minuten leicht braten. Weißwein und Cognac zugeben und stark reduzieren. Das Hummerfleisch vollständig auslösen und in Stücke schneiden. Die Karkasse mit dem Fond in der Sahne 30 Min kochen, danach absieben. Die geschälten und entkernten Gurken in mundgerechte Stücke schneiden und diese in einer flachen Kasserolle in der Butter einige Min glasig dünsten, die sehr feingehackte Schalotte zugeben und mit Salz und Pfeffer abschmecken. Die gut reduzierte Sauce mit den Hummerstücken und der Gurke vereinigen, erhitzen, etwas feingehackten Salbei (wenig, der Hummergeschmack darf auf keinen Fall übertönt werden) zugeben und auf den frisch gekochten Nudeln anrichten.

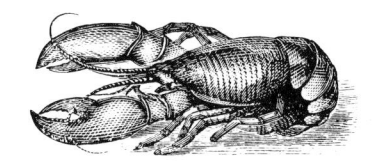

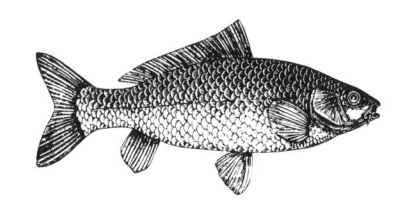

*Annegret Willke,
Altenholz/Kiel:*

S̈üss-Saurer Fisch à la Kanton

Zutaten:

*1 Zander oder Hecht (0,8 kg)
2 EL Reiswein
1 TL Salz
1 Eigelb
ca. 1 Tasse Stärke
Öl
2 EL Öl
1/2 EL gehackte Knoblauchzehe
1/2 EL gehackte Zwiebel
1 EL gehackte chinesische Pilze
4 EL Möhrenstreifen
4 EL Paprikastreifen
je 6 EL Zucker, Essig, Ketchup, Wasser
1/2 TL Salz
1 1/2 TL Stärke
1 EL Öl*

Zubereitung:

Den Fisch schuppen, säubern, beidseitig im Abstand von 1,5 cm schräg bis auf die Hauptgräte einschneiden. Dann mind. 1/2 Std lang mit einer Mischung aus Reiswein und Salz marinieren. Wichtig! Auch die Spalten bestreichen! Vor dem Fritieren den Fisch erst mit 1 Eigelb bestreichen, dann mit ca. 1 Tasse Stärke umhüllen. Zum Fritieren Öl in einem Bräter erhitzen, den Fischschwanz in die Hand nehmen und den Fisch »in Schwimmhaltung« hineingeben. Den Fisch ständig etwa 10 Min mit Öl begießen, bis das Fischfleisch gegart und die Haut knusprig ist. Herausnehmen, auf Platte anrichten. Dann wird der Fisch mit folgender Soße übergossen:
2 EL Öl erhitzen, Knoblauch, Zwiebel, Pilze, Möhren und Paprika zugeben und unter Rühren braten, bis sich die Geschmacksstoffe entwickelt haben. Dann Zucker, Essig, Ketchup, Wasser, Salz und Stärke zugeben und aufkochen lassen. Zum Schluß 1 EL Öl zugeben, damit die Sauce glänzt.

Anrichten:
Der Fisch wird mit Frühlingszwiebelröllchen und Petersilie garniert. Dazu gibt es Weißbrotscheiben und Gurkensalat mit Ingwer (s. Seite 170).

*Thomas Wollny,
Frankfurt am Main:*

Gekochte Lotte mit einer Fisch-Sauerampfer-Samt-Suppe

Die Filets der Lotte lasse ich nur einige Min in einem Wurzelgemüsesud ziehen. Dieser Sud wird mindestens fünf Stunden lang eingekocht und mit einem Fischsud angereichert, den ich aufgrund vorangegangener Fischessen eingefroren habe. Dem Gemüsesud gebe ich reichlich grobes Meersalz bei. Die grundlegenden Bestandteile einer Samtsuppe sind Butter, Mehl und Flüssigkeit. Hinzufügen kann man Geflügel-, Fisch-, Krustentier- oder Gemüsepüree, die abschließende Bindung (Legierung) besteht aus einer Mischung aus Eigelb und Sahne. Dabei ist die Zubereitung stets dieselbe:
Die Butter in einem Topf schmelzen lassen und dieselbe Menge Mehl (Gewicht) zufügen. Mit einem Holzlöffel oder -spachtel gut vermischen und bei kleiner Flamme 15 Min vor sich hinkochen lassen. Dabei darauf achten, daß diese Mischung nicht braun wird –

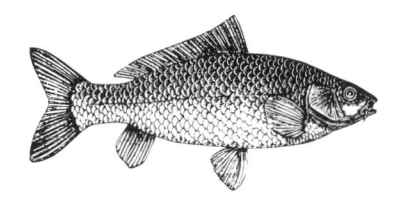

sie muß ganz hell bleiben, darf keinesfalls rösten. Um beim Aufgießen Klümpchen zu vermeiden, läßt man sie nun etwas abkühlen. Erst dann gießt man nach und nach in kleinen Mengen unter kräftigem Schlagen mit dem Schneebesen die kochende Flüssigkeit dazu. Das kann klare Fleisch-, Geflügel-, Wild- oder Fischbrühe, evtl. auch Milch sein. Unter ständigem Rühren zum Kochen bringen und langsam 35 Min leise am Herdrand oder auf kleiner Flamme kochen lassen. Während des Kochens bildet sich an der Oberfläche eine Haut, die man mit den sich darin absetzenden Verunreinigungen aus Butter und Mehl ab und zu entfernt. Dann gießt man die Suppe durch ein feines Sieb oder ein Tuch und läßt sie erneut aufkochen. Das entsprechende Püree wird eingerührt, und die Suppe wird neben dem Feuer mit Eigelb und Sahne gebunden. Dazu vermischt man zunächst etwas Suppe mit der Sahne und dem Eigelb und erwärmt sie etwas, damit sie nicht durch den plötzlichen Kontakt mit der heißen Suppe gerinnen. Die Suppe wird während des Eingießens der Eier ständig geschlagen und schließlich wieder erhitzt, bis sie etwa 85° heiß geworden ist. Auf keinen Fall kochen lassen; die Eier würden sonst gerinnen.

Die Suppe soll cremig sein und das Aussehen einer sehr leichten Sauce haben.

Anmerkung: Um die Suppe vollendet zu binden, gehe ich so vor: Zunächst nimmt man den Topf vom Feuer, so daß die Flüssigkeit nicht mehr kocht. Die Eier trennen. Für jeden Liter Suppe 3 Eigelb in eine kleine Schüssel schlagen und mit 1/10 l Sahne vermischen. Mit dem Schneebesen schlagend nach und nach 1/4 l Suppe hineinrühren. Nun die ungebundene Suppe schlagen und die Ei-Sahne-Mischung langsam hineingießen. Die Suppe wieder erhitzen, aber nicht mehr kochen lassen. Zum Schluß auf 1 l Suppe 100 g in kleine Stücke zerteilte Butter zufügen, schmelzen lassen und in die Suppe rühren. Abschmecken, nötigenfalls nochmals nachwürzen und servieren.
(Die Anregung verdanke ich Paul Bocuse.)

GEFLÜGEL

*Anemone Szczesny-Friedmann,
F-La Croix-Valmer:*

TAUBEN MIT OLIVEN UND KNOBLAUCH

Zutaten:

*4 kl. Tauben (Die Tauben müssen keineswegs aus der Bresse stammen; normale bürgerliche Tauben reichen völlig aus.)
3 EL Olivenöl (sog. Jungfernöl aus der Provence oder das dickflüssige, grüne Olio vergine aus Italien)
100 g kl. schwarze Oliven
1 Knoblauchknolle
5 Wacholderbeeren
10 schwarze Pfefferkörner
2 Zweige frischer Thymian
1 Suppenlöffel Cognac
Salz
100 g Ruccolasalat
Rotweinessig*

Zubereitung:

Die ausgenommenen, gesalzenen Tauben werden langsam und vorsichtig in einem EL Olivenöl so angebraten, daß sie auf allen Seiten braun sind. Man legt sie in einen Topf mit den geschälten Knoblauchzehen, dem Thymian, den im Mörser nicht allzufein zerstoßenen Pfeffer- und Wacholderkörnern, den Oliven, dem Cognac, 1½ EL Olivenöl und einem EL Wasser. Der Topf wird mit einem Blatt Aluminiumfolie und dem Topfdeckel luftdicht verschlossen und in den auf 110° vorgeheizten Backofen gestellt. Dort bleibt er 2½ Std. Wenn es 3 Std sind, spielt das auch keine Rolle. Wenn nur ein Backofen vorhanden ist, kann man die Tauben auch in den Tellerwärmer stellen, oder in ein Wasserbad, das allerdings nicht heißer als 100° sein darf. Irgendwann nimmt man sie aus dem Ofen, fischt den Thymianzweig aus der Sauce und das war dann auch alles. Wenn nichts schiefgegangen ist, sind die Tauben wunderbar zart, innen rosa und schmecken nach Tauben. Dazu gibt es in Olivenöl geröstete Graubrotscheiben, die man mit dem weichen Innenteil der Knoblauchzehen bestreichen kann und einen Ruccolasalat, der mit sehr wenig Olivenöl und Rotweinessig angemacht worden ist.

Luigi Wanner, Berlin:

PUTE NACH ARCIMBOLDO ART

Zutaten:

1 Pute

für die Marinade:

*Salz, Pfeffer
1 Tasse Zitronensaft
1 Büschel Salbei
Kardamom
Koriander
Knoblauch
Chili
1 Prise Zucker*

für die Füllung:

*200 g Putenleber
2-3 EL geriebener Haselnüsse
3 Blätter Salbei
1 TL Koriander
2-4 Kardamom Kapseln
2 EL feingehackter Schalotten
2 feingehackter Knoblauchzehen
4 EL Sherry/Medium (oder Marsalawein)
Olivenöl
Salz
Zitronenpfeffer*

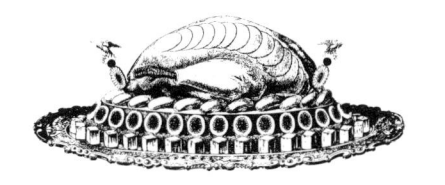

Zubereitung:

Die Pute eine ganze Nacht marinieren.
Die Putenleber wird kurz mit den Schalotten gebraten. Alle Zutaten hinzufügen und mit dem Sherry löschen. Die Pute damit füllen und ca. 2 Std im Backofen braten.

Rolf Struebel, Bizerte (Tunesien):

ENTENBRUSTSCHEIBEN AUF SAUERKRAUT, SAUCE VINAIGRETTE

Zutaten:

1 Huhn
1 Ente
2 Zwiebeln, gewürfelt
2 Karotten, gewürfelt
Stangensellerie
Petersilienstengel
Salz, Pfeffer
½ l trockener Weißwein
400 g Sauerkraut
Koriander, Senfkörner
Thymian, Lorbeerblatt
4 Wacholderbeeren
Sherry-Essig
Balsamico-Essig
Olivenöl
3 Knoblauchzehen
1 schwarzer Trüffel

Zubereitung:

Das Huhn zerschneiden und mit 1 mittelgroßen Zwiebel, 1 Knoblauchzehe, 1 Lorbeerblatt, ca. 10 grob zerstoßenen Pfefferkörnern, einigen Petersilienstengeln, einigen Selleriestengeln, 1 Zweig Thymian, ¼ l Weißwein, etwas Salz, 1 kleine Karotte in einen Topf tun. Mit Wasser aufgießen, bis alles bedeckt ist, und zum Köcheln bringen.
1½-2 Std köcheln lassen, durch ein Sieb abgießen, gut ausdrücken. Entfetten, die Hälfte abnehmen und auf Saucenkonsistenz einkochen, abschmecken.
Das Sauerkraut waschen, die Hälfte in den Topf einlegen, mit einem EL Balsam-Essig, zerstoßenem Koriander, Senfkörnern und angedrückten Wacholderbeeren würzen, zweite Hälfte Sauerkraut obendrauf, mit Hühnerfond aufgießen und ca. 1½ Std köcheln.
Zum Schluß Deckel abnehmen, damit die Kochflüssigkeit ganz verdunstet. Probieren. Sie werden finden, daß das Ganze etwas fade schmeckt. Also von dem eingekochten Fond noch dazu und evtl. Essig, bis man meint, daß man es so servieren kann.
Von der Ente die Brust abheben, die Haut dranlassen. Die Keulen abtrennen und für ein anderes Gericht aufheben. Den Rest kleinschneiden, in Olivenöl anbraten, auch das Gemüse, mit dem Wein ablöschen und dann auf die gleiche Weise mit den gleichen Gewürzen plus evtl. etwas Tomatenmark einen dunklen Geflügelfond herstellen. Entfetten, einkochen, abschmecken.
Die Haut der Entenbrust karoförmig bis auf das Fleisch einschneiden, mit Salz, Pfeffer, etwas Thymian würzen und mit Olivenöl einpinseln. Mit der Fleischseite nach oben unter den vorgeheizten Grill schieben, nach ca. 2 Min umdrehen und die Brust rosa grillen, was ca. 15 Min dauern wird. Abkühlen lassen und in dünne Scheiben schneiden.
Aus 1 EL Sherry-Essig, 1 EL Balsam-Essig, 1 Prise Salz, Pfeffer, durchgepreßte Knoblauchzehe, ½ Tasse Olivenöl, eine Vinaigrette rühren.
Abschmecken. Zum Schluß von dem konzentrierten Entenfond dazugeben.

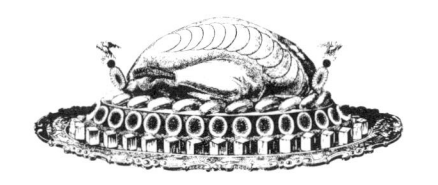

Nun mit dem lauwarmen Sauerkraut kleine Kegel auf den Tellern anrichten. Dachziegelförmig die Entenbrustscheiben drumrumlegen. Den Trüffel in Scheiben hobeln, kurz in heißer Butter schwenken und als Abschluß jeweils eine Scheibe obenauflegen. Die Scheiben mit Vinaigrette beträufeln. Fertig. Natürlich wird gezwungenermaßen der Trüffel meistens aus dem Glas stammen, was seinem Wohlgeschmack sicherlich Abbruch tut. Aber schön schaut er halt aus, der Chapeau noir. Wer anders denkt, kann auch sonst was drauf tun – gestiftelten Ingwer beispielsweise.

Thomas Steiner, Heppenheim:

HUHN AUF DIE ART DER BRESSE

Zutaten:

1 Poularde, Huhn oder Hahn (natürlich frisch, wenn möglich ein Bressehuhn)
4-6 Stück Hühnerleber
Meersalz, Pfeffer
½ Becher Crème double

Zubereitung:

Huhn innen salzen und mit der Leber füllen. In einen gußeisernen Bräter gießt man leicht gesalzenes Wasser (ca. 2 cm Höhe). Nun legt man das Huhn hinein.
Bei 160-180° läßt man das Huhn 60-70 Min (abhängig von Gewicht und Qualität) braten. Dabei öfters mit dem Fond begießen.
Wenn das Huhn gar ist, gießt man den Fond mit den Leberstücken in einen kleinen Topf und püriert das Ganze. Leicht pfeffern aus der Mühle.
Mit Crème double abrunden. Abschmecken.

Martin Schlichenmaier, Ilvesheim:

ROULADE VOM PERLHUHN MIT PORTWEINSAUCE

Für 4 Personen genügt ein Perlhuhn, falls die Vorspeisen eher reichlich waren. Habe ich aber vier sehr gute Esser, nehme ich zur Sicherheit noch ein zweites. Die Brüste werden ausgelöst und halbiert. Ebenso das Schenkelfleisch, welches ich versuche, möglichst großflächig von den Knochen zu bekommen. Das ausgelöste Fleisch wird mit ca. 4 EL Portwein und 2 EL Cognac begossen, in Alufolie gepackt und kühlgestellt. Der Rest des Perlhuhns wird kleingehackt. Daraus wird eine Sauce bereitet, d.h. die Stücke werden angebraten, Gemüse und Gewürze (nicht zu viele) hinzugegeben, mit Rotwein abgelöscht (Pinot Noir), reduziert, wieder Rotwein zugegeben und die Prozedur noch einmal wiederholt. Es kommt etwas Kalbsfond hinzu und vielleicht noch etwas Flüssigkeit. Das Ganze köchelt 1½ Std. Danach wird es durch ein Spitzsieb abgeschüttet, die Reste ausgedrückt und die Flüssigkeit sorgfältig entfettet. Es wird weiter reduziert, Portwein zugefügt, abgeschmeckt, vielleicht noch ein Schuß Rotwein. Soweit ist die Sauce nun fertig. Nun wird das ausgelöste Fleisch gesalzen und gepfeffert. Schweinsnetz wird ausgelegt. In der Tat ist dies bei uns viel schwieriger zu erhalten als Perlhuhn. Auf das Schweinsnetz kommt das möglichst dünn gepreßte Schenkelfleisch. In das Brustfleisch wird eine Tasche geschnitten und mit Bloc de foie gras gefüllt. Besser ist natürlich frische Stopfleber. Die Aufgabe der Stopfleber ist es auch, die Brust zu aromatisieren und beim Kochen zart zu halten. Falls es etwas Besonderes zu feiern gibt, lege ich auch einige Scheiben Trüffel hinzu. Das Brustfleisch kommt auf das Schenkelfleisch und alles wird zusammengepackt. Das Schenkelfleisch soll die empfindliche Brust beim Braten schützen. Die Roulade wird in Butter (und evtl. im Fett der konservierten Stopfleber) ca. 10 Min gebraten (mit mittlerer Plattenhitze) und warmgestellt. Das Fett wird fortgeschüttet und der Bratensaft mit Portwein abgelöscht, reduziert und durchgesiebt zur Sauce gegeben.

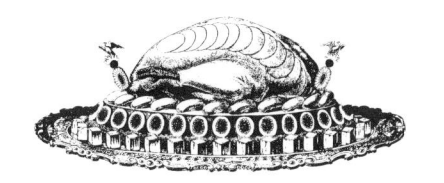

Dr. Hans-Joachim Blome und Dr. Doris Hiegemann-Blome, Köln:

PUTENBRUST
ORIENTALISCH

Zutaten:

750 g Putenbrust
1 Bund Staudensellerie
3 kleine Zwiebeln
400 ml Geflügelfond
4 EL Sahne
1 EL Tomatenmark
50 g geraspelte Mandeln
1 Zitrone
80 ml Gin
Olivenöl (zum Anbraten)
Sojasauce
Cayenne
1 EL Kümmel,
3 EL Kreuzkümmel

Zubereitung:

Staudensellerie in Scheiben schneiden, Zwiebeln würfeln, Mandeln zugeben und dann in etwas Geflügelfond andünsten. Putenbrust schnetzeln, in Olivenöl kurz anbraten und mit Sojasauce würzen (statt Salz). Gedünstetes Gemüse zugeben und mit dem restlichen Geflügelfond und Sahne ablöschen.

Anschließend Gewürze zugeben – bis auf Gin und Zitrone. Cayenne behutsam einstreuen, aber das Gericht sollte eine gewisse Schärfe mitbringen. 15 Min köcheln – dann Gin und Zitronensaft hinzufügen – aber dabei abschmecken. Dazu wird Reis serviert.

Dr. Klaus Miksits, Berlin:

ORIENTALISCHES HUHN

Zutaten:

für das Fleisch:

2 Stück Hähnchenbrustfilet (frisch)
1 Stück Apfel
1 Stück Zwiebel
100 g Korinthen
4 Stück Backpflaumen
8 Stück getrocknete Sauerkirschen (falls erhältlich)
Zimt, Nelken
Kardamom
Salz, Pfeffer
Sesamöl
1 Pck schwarze Sesamkörner

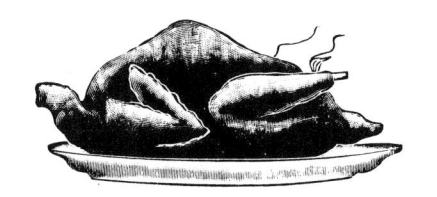

für die Beilage:

1 Tasse Basmatireis
2 Tassen Wasser, gesalzen

für die Sauce:

Laict damandes (aus: Livre fort excellent de cuisine, Lyon, 1542)
½ Scheibe Weißbrot
60 g feingehackte Mandeln
1 TL Cointreau
125 ml Wasser (oder Milch)
1 TL Zucker
1 Prise Salz

Zubereitung:

Schneiden Sie die Zwiebel, den Apfel, die Backpflaumen und die getrockneten Sauerkirschen in sehr kleine Würfel. Dünsten Sie die Zwiebel- und Apfelwürfel zusammen in wenig Sesamöl an. Geben Sie die Korinthen, die Backpflaumen und die Sauerkirschen dazu und sautieren Sie sie kurz; die Mischung soll nicht zuviel Zwiebel/Apfel-Gemisch enthalten, damit sie noch schwarz aussieht. Schmecken Sie die Füllung mit Zimt, Nelkenpulver und sehr wenig Kardamom ab.
Halbieren Sie die Hähnchenbrustfilets in der Mitte. Entfernen Sie alle Sehnen und Fettreste. Schneiden Sie eine Tasche in das Fleisch. Salzen und pfeffern Sie das Fleisch. Geben Sie die Füllung in die Tasche. Schließen Sie die Tasche wieder (es genügt Fleisch auf Fleisch zu drücken). Backen Sie die gefüllten Filets einzeln in Alufolie bei 200° ca. 15 Min. Rösten Sie währenddessen die Sesamkörner kurz in einer Pfanne an (bis die ersten Körner springen, keinesfalls länger). Bestreuen Sie die gefüllten Filets nach dem Backen gründlich mit den Sesamkörnern.
Waschen Sie den Reis gründlich im Sieb (bis das Spülwasser klar bleibt). Geben Sie das Salzwasser und den Reis in einen Topf. Kochen Sie den Reis einmal kurz (ca. 1 Min) auf und lassen Sie den Reis etwa 10 Min auf kleiner Flamme garziehen (bis das Wasser vollständig von dem Reis aufgenommen worden ist). Rösten Sie das Weißbrot und zerkleinern Sie es anschließend. Geben Sie es zusammen mit den übrigen Zutaten in einen Topf. Köcheln Sie das ganze für ca. 5 Min unter ständigem Rühren. Pürieren Sie die Sauce und passieren Sie sie durch ein Haarsieb.

Anrichten:

Arrangieren Sie die Filetscheiben, den Reis und die Sauce auf großen, weißen Tellern und bestreuen Sie die Teller zuletzt mit den restlichen Sesamkörnern.

Clemens Markus, Baldham:

POULARDE IN ROSMARINSAUCE

Zutaten:

1 Bresse-Poularde
1 Stück Karotte
1 kleines Stück Lauch
1 Zwiebel
200 g Butter
Salz
1-2 Zweige frischer Rosmarin
1 Knoblauchzehe
1 Lorbeerblatt
4 cl Weißwein
0,5 l Geflügelfond
Mehl

Zubereitung:

Die Brust und die Keulen der Poularde auslösen und enthäuten. Das restliche Huhn in kleine Stücke hacken und mit dem kleingeschnittenen Gemüse und 3 EL Butter im Backofen bei 180-200° Umluft braunrösten. Anschließend die Gewürze beigeben, mit Weißwein ablöschen und schließlich mit dem Geflügelfond auffüllen. Das Ganze läßt man dann ca. 30 Min kochen. Danach vom Herd nehmen, abseihen und auf die Hälfte reduzieren. Wenn es auf die Hälfte eingekocht ist, in den Mixer geben und aufschlagen.
Die ausgelöste Brust und die Keulen salzen, leicht melieren und in der restlichen Butter vorsichtig braten.
Dazu Kartoffelpüree mit Olivenöl (s. Seite 170)

Matthias Makowsky, Marbach:

Hühnerbrüstchen nach Römer Art

Zutaten:

4 Hühnerbrustfilets (je ca. 120 g)
4 Scheiben Parmaschinken
8 Salbeiblätter
40 g Butter
Pfeffer, Salz
Rosenpaprika
50 ccm Marsala

Zubereitung:

In jede Hühnerbrust mit einem scharfen Messer eine Tasche schneiden. Innen leicht mit Pfeffer würzen. Eine Schinkenscheibe um 2 Salbeiblätter legen und diese in die Tasche plazieren. Den Rand mit einem Holzstäbchen schließen. Außen mit Salz und Rosenpaprika würzen. Butter in einer großen Pfanne aufschäumen lassen. Hühnerbrüstchen darin von jeder Seite etwa 3 Min braten, herausnehmen und warmhalten. Darauf achten, daß das Fleisch auch innen gar ist. Das Fett aus der Pfanne abgießen. Den Bratensatz mit Marsala ablöschen und etwas einkochen lassen. Sauce mit den Gewürzen abschmecken. Die Hühnerbrüste auf die Teller verteilen und mit der Sauce begießen.

Walter Klee, Aachen:

Fagiano Arrosto (Fasan auf offenem Feuer gegrillt)

Zutaten:

einen offenen Kamin, einige Holzscheite der Betulla (Birke) oder einen Küchenherd mit Grill
luftgetrockneten und mageren Speck (in Streifen geschnitten)
schwarzer Pfeffer
Knoblauch
Salz
Olivenöl
2 junge Fasane oder Perlhühner
2 halbe Zitronen
10-15 Salbeiblätter

Zubereitung:

Schlinge die erlegten Fasane aus, dann rupfe und reinige die Tiere sorgfältig und entferne Kopf und Beine.

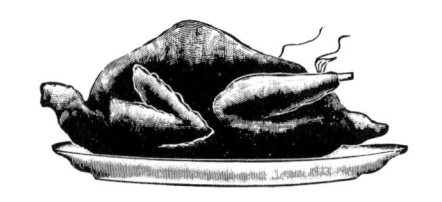

Die Tiere mit der Mischung aus schwarzem Pfeffer, Salz und gequetschtem Knoblauch einreiben. Mit einer halben Zitrone oder Limone füllen. Ein paar Streifen mageren Speck, luftgetrocknet und feingeschnitten und die Salbeiblätter, ganz, unter Flügel und Haut schieben, alles mit einem Bindfaden fest zusammenbinden und auf einen Grillspieß befestigen, eine Fettpfanne darunterstellen und das Öl darübergießen. Den Kamin mit reichlich Holz der Betulla (Birke) befeuern, um genügend Glut für die Bratenprozedur zu erhalten, oder den Backofen auf 200-220° aufheizen und auf dem Grill garen.

Reiche kleine Scheiben Bauernbrot mit einem Backapfel und Preiselbeerkompott dazu.
Jagdzeit: 1. Oktober bis 15. Januar

Dr. N. Kecskemethy, Langen:

GEFÜLLTE TÄUBCHEN MIT BRENNESSELMOUSSE

Zutaten:

4 Täubchen, frisch, klein, fett, ausgenommen
4 Stück Stopfgänseleber, Entenleber oder Taubenleber
4 blanchierte Mangoldblätter
4 Salbeiblätter
4 breite Streifen Speck (am besten grünen)
Johannisbeergelee (nicht zu süß)
Salz, Pfeffer, Piment

für die Brennesselmousse:

2 Handvoll frische Brennesselblätter, nur die oberen vier (unbedingt vor der Blüte pflücken)
1/8 l Sahne
1 Ei
1 EL Schalotten, sehr fein gehackt
1 TL Knoblauch, sehr fein gehackt
1 Msp. gehackter Liebstöckel
Salz, Pfeffer

Zubereitung:

Täubchen vorsichtig entbeinen bis auf die Schenkel- und Flügelknochen (Flügelspitzen und Hals abhacken), innen salzen und pfeffern. Leber ganz kurz in Butter anbraten, mit einem Salbeiblatt belegen, in Mangold einwickeln und damit das Täubchen füllen. Täubchen mit Speck umhüllen, mit Bindfaden in kompakte Form bardieren. Außen pfeffern und mit Piment würzen. Vorsicht, bei geräuchertem Speck nicht zu viel salzen!
In einer geölten Form 5 Min bei 250° mit der Brustseite nach oben braten, dann umdrehen und ca. 25 Min bei 180° weiter braten, 10 Min bei ausgeschaltetem Ofen ohne Speckstreifen ruhen lassen.

Für die Sauce die Knochen mit etwas Wurzelgemüse kräftig anbraten, mit Rotwein und etwas Brühe löschen, köcheln, durchsieben, dick einkochen und mit Johannisbeergelee abschmecken. Dazu kommt der entfettete Bratenjus.

Brennesselmousse: Schalotten und Knoblauch in Butter glasig dünsten, gewaschene Brennesseln und etwas Mangold (wegen der grünen Farbe) weichdünsten, restliche Zutaten (ohne Ei) mit einem Mixerstab kräftig mischen und zerkleinern. Abkühlen lassen, evtl. sich absetzende Flüssigkeit abschütten. Das Ei untermischen und in gebutterte Förmchen füllen. Im Ofen zusammen mit den Täubchen stocken lassen.

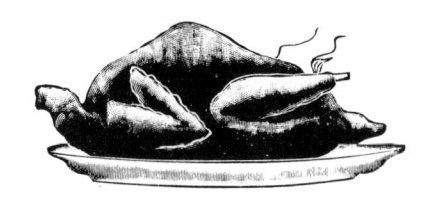

Ingrid Käufer, Biberach:

FLUGENTENBRÜSTCHEN MIT LIMONEN

Zutaten:

grüner Pfeffer
4 Limonen
Limonenöl
2 Flugentenbrüste mit Haut
Olivenöl
¼ l heller Geflügelfond
200 g Pfifferlinge
1 kl. Schalotte
Butter
500 g mehlige Kartoffeln
Sahne
Butter
Salz, Muskat

Zubereitung:

Am Vorabend die Entenbrüste auf beiden Seiten leicht mit Limonenöl einpinseln. Danach grob zerstoßenen grünen Pfeffer einmassieren. Zum Schluß die hautlose Seite ganz mit Limonenscheiben bedecken. Fest in Alufolie verpacken und bis zur Zubereitung im Kühlschrank durchziehen lassen.
Den Backofen auf 220° vorheizen. Die Entenbrüste aus der Alufolie nehmen, die Limonenscheiben entfernen, den grünen Pfeffer etwas abstreifen. Es sollte nicht zuviel dranbleiben, damit er geschmacklich nicht dominiert. Die Entenbrüste salzen. In einem Bräter Olivenöl erhitzen, die Entenbrüste mit der Hautseite nach unten hineinlegen und im Backofen 8-10 Min ruhen lassen.
Das Olivenöl abgießen, mit dem Geflügelfond ablöschen und solange einkochen, bis er eine siruppartige Konsistenz annimmt. Sie brauchen pro Portion 2 EL. Mit einem Spritzer Limonensaft, Salz und einer kleinen Prise gestoßenem grünem Pfeffer würzen.
Vor dem Servieren den ausgetretenen Saft der Entenbrüste dazugeben und 12 Limonenfilets kurz in der Sauce erwärmen.

Anrichten:
Pro Person ½ Entenbrust gegen die Faser in sehr dünne Scheiben schneiden und auseinandergefächert auf den oberen Teil des Tellers legen. Das untere Viertel der Entenbrustscheiben mit den Limonenfilets bedecken. Beides mit der Sauce nappieren.

Peter-Andreas Hans, Berlin:

HUHN IN OLIVEN

Zutaten:

1 gr. Hähnchen
750 g sehr kleine, neue, festkochende Kartoffeln (sauber abgebürstet)
300 g Perlzwiebeln oder Schalotten
1 Knoblauchknolle
500 g grüne und schwarze Oliven, gemischt
1 Bund Thymian
1 Tasse Olivenöl
2 EL Zitronensaft
¼ l italienischen Weißwein zum Kochen
Salz und Pfeffer
10-15 Salbeiblätter

Zubereitung:

Das Huhn enthäuten und auf die übliche Art in sechs Teile zerlegen. Salzen und alle Teile in Olivenöl leicht anbraten.
In einen großen Bratentopf die Kartoffeln, die Perlzwiebeln oder Schalotten und die Hälfte der enthäuteten Knoblauchzehen legen. Alles mit Salz bestreuen.
Auf das Gemüsebett legt man den Thymian und den Salbei, anschließend die Hähnchenteile (ohne Brüste) und füllt die Zwischenräume mit Oliven und den restlichen Zwiebeln. Abschließend wird grob gepfeffert und alles mit einer Mischung aus Wein, Öl und Zitrone übergossen. Den zugedeckten Topfinhalt auf dem Herd vorsichtig zum Kochen bringen und anschließend 45 Min bei 200° im Ofen zuende garen. Nach 20 Min werden die beiden Brustfilets nachgelegt, sonst passiert gar nichts mehr, und der Topf kommt, so wie er gefüllt ist, auf den Tisch.
Der Wein der Wahl ist logischerweise ein toskanischer Weißer.

Edith Fabry, Villingen:

ENTENBRÜSTE IN PORTWEINSAUCE

Zutaten:

2 Entenbrüste
2 EL Korinthen
Salz, Pfeffer
3 EL Portwein (1)
4 EL Portwein (2)
½ Mokkalöffel Zimt
1 Msp. Cayennepfeffer
4 EL Cassis- bzw. Johannisbeergelee
1 dl Sahne

Zubereitung:

Die Haut der Entenbrüste mit einem sehr scharfen Messer gitterartig einschneiden (Das Fleisch dabei nicht verletzen!). Die Korinthen in Portwein (1) einlegen. Die Bratpfanne stark erhitzen. Die Entenbrüste mit der Haut nach unten hineinlegen. Temperatur reduzieren und die Fleischstücke 4 Min anbraten, wenden und auf der 2. Seite 6 Min braten. Auf einen Teller heben, salzen und pfeffern und zugedeckt warmstellen. Das Fett restlos abgießen und den Bratensatz mit Portwein (2) lösen. Die Korinthen samt Portwein in die Pfanne geben und kurz dünsten. Zimt und Cayennepfeffer beifügen. Johannisbeergelee auf der Seite des Herdes schmelzen lassen und dazugeben. Die Sauce mit Sahne verfeinern und reduzieren, mit Salz abschmecken und mit dem aus den Brüsten ausgetretenen Fleischsaft auffüllen. Die Entenbrüste leicht schräg aufschneiden, auf den vorgewärmten Tellern einen Saucenspiegel gießen und die Fleischstücke darauf anrichten. Die restliche Sauce separat servieren. Dazu Schupfnudeln.

Ulrike Bühler, Heidelberg:

TAUBENBRÜSTCHEN AUF BEAUJOLAIS-SPINAT

Zutaten:

4 junge Tauben
1 kg Blattspinat
½ l Beaujolais
¼ l Portwein
2 Frühlingszwiebeln
etwas Petersilie, vor allem Stengel
ein Zweig Thymian
ggf. etwas Zucker
etwa 100 g Butter

Zubereitung:

Von den Tauben die Brüstchen auslösen, mit Salz und Pfeffern aus der Mühle würzen, beiseite stellen (die Karkassen der Tauben ergeben eine wunderbar intensive Consommé für den nächsten Tag). Den Spinat von allen Mittelrippen und Stengeln befreien, etwa 3 Min in kochendem Salzwasser (etwas Zucker zugeben) blanchieren, eiskalt abschrecken, gut ausdrücken. beiseite stellen. Den Beaujolais und den Portwein mit den Kräutern und den Frühlingszwiebeln auf mittlerer Hitze in einem kleinen Topf reduzieren, bis nur noch etwa 1 cm Flüssigkeit zurückbleibt. Dann durch ein Sieb abgießen, Kräuter gut ausdrücken, noch ein wenig mehr reduzieren. Jetzt den Spinat in Butter einige Minuten gar dünsten, bis die Flüssigkeit völlig verdampft ist. Die Taubenbrüstchen von jeder Seite nicht mehr als ein bis zwei Minuten in Butterfett nicht zu braun braten, einen Moment ruhen lassen, mit dem elektrischen Messer in Scheibchen schneiden, abgedeckt warmstellen. Nun die Saucenbasis zurück auf den Herd, die kalte Butter nach und nach für die Bindung einschwenken. Dabei gut erhitzen, aber auf keinen Fall kochen lassen. Wenn die Sauce noch nicht die wunschgemäße Konsistenz hat, noch ein Stückchen Butter dazugeben. Abschmecken, mit Salz, Pfeffer und wahrscheinlich noch etwas Zucker nachwürzen. Spinat auf am besten große, rein-weiße Teller verteilen, Sauce darüber, Scheibchen von der Taubenbrust darauf anrichten.

Sissi Börngen, Bollingstedt:

FASANENBRÜSTE MIT CHICORÉE

Zutaten:

Fasane:

4 sehr junge Fasane
Schenkel abtrennen und einzeln, evtl. für Ragout, einfrieren.
Brüste vom Gerippe lösen.
Salz, Pfeffer
200 g hauchdünner Bardierspeck
⅛ l trockener Sherry
80 g Butter

Sauce:

4 Fasanengerippe (zerhackt)
4 EL geklärte Butter
2 Schalotten, feingehackt
2 kleine Karotten, feingehackt
1 Stange Sellerie, feingehackt
1 Lorbeerblatt
ein paar Wacholderbeeren
1 Thymianzweig
¼ l Weißwein
¾ l Geflügelbrühe (wenn vorhanden, Wildfond)
zusätzlich für die Fertigstellung der Sauce 4 EL Crème double und eisgekühlte Butterflöckchen.

Chicorée:

8 Sprossen
8 EL Hühnerbrühe
2 EL Zitronensaft
½ TL Zucker
½ TL Salz
40 g Butter

Zubereitung:

Sauce:

Die Sauce kann bereits am Tag zuvor zubereitet werden. Karkassen in Stücke hacken und nacheinander in einer schweren Pfanne anbraten. In einen Topf legen. Dann die Gemüse braun braten, zu den Karkassen geben. Wenn noch Fett in der Pfanne ist, weggießen. Mit Küchenkrepp Pfanne abtupfen, Bratensalz mit Weißwein löschen, einkochen. Dann gibt man den Geflügelfond dazu löst alle Bratenreste und gibt ihn zu den Karkassen. Etwa ½ Std köcheln. Durch ein Sieb gießen und auf einen knappen ½ l reduzieren. Fasanenbrüste und Chicorée werden frisch zubereitet.

Chicorée:

Sprossen waschen und den Strunk herausschneiden. Ein flaches Kochgefäß, in dem der Chicorée in einer Lage Platz hat, ausbuttern und das Gemüse einlegen. Alle anderen Zutaten auf die Sprossen geben und diese dann mit gebuttertem Pergamentpapier belegen. Auf niedriger Temperatur zum Köcheln bringen und etwa 20 Min garen.

Fasanenbrüste:

Die Fasanenbrüste salzen und pfeffern und einzeln in den Speck wickeln. Mit Faden zubinden.
In einer schweren Pfanne (jeweils nur 4) auf mittlerer Hitze auf jeder Seite 5 Min braten. Dann mit Alufolie oder Backpapier bedeckt im Ofen bei 125° nachgaren. Währenddessen Fett abgießen und den Bratensatz mit Sherry löschen, einkochen und die am Tag zuvor zubereitete Sauce dazugeben. Alle Flüssigkeit, die sich unter dem Chicorée gesammelt hat, zur Sauce geben. Konsistenz prüfen, Crème unterziehen, abschmecken und mit Butterflöckchen montieren. Den Speck von den Fasanenbrüsten entfernen.
Fasanenbrüste und Chicoréesprossen abwechselnd um einen Berg von Croutons auf 2 runden Silberplatten anrichten. Sauce in Saucieren dazu reichen.

Sissi Börngen, Bollingstedt:

COQ AU VIN

Zutaten

für das Hähnchen:
4 Hähnchenschenkel (in Ober- und Unterschenkel getrennt, Haut entfernen)
3 EL Erdnußöl
1 EL Butter

für die Sauce:

4 Schalotten (feingewürfelt)
8 braune Champignons in Scheiben
1 EL Butter
¼ l herber Weißwein
⅛ l herber Weißwein, zum Nachgießen und Abschmecken
⅛ l Fond
¼ l kräftiger Geflügelfond (braun)
¼ l süße Sahne
Salz, Pfeffer
Prise Zucker
etwas Zitronensaft
ein Thymianzweig

Zubereitung:

Die Hähnchenschenkel kräftig würzen und in einer schweren tiefen Pfanne bei mittlerer Hitze vorsichtig in dem mit Butter aromatisierten Öl hellbraun braten. Herausnehmen, auf einen Teller legen und zudecken. Fett aus der Pfanne gießen. In der gleichen Pfanne 1 EL Butter erhitzen und Schalotten anschmoren. Wenn sie weich sind und hellbraun werden, die Champignons dazugeben und 1 Min garen (eventuell noch etwas Butter zugeben). Nun wird der Wein angegossen und zu einem Sirup eingekocht, den Hühnerfond zugeben, umrühren, aufkochen und die Hähnchenschenkel zurück in die Pfanne legen. Ein Thymianzweiglein dazulegen, zum Simmern bringen, lose zudecken und auf kleiner Hitze 30-40 Min köcheln. Immer wieder abwechselnd etwas Wein oder Fond nachgießen, Sauce vorsichtig bewegen und Hühnchenteile wenden.
Wenn die Hühnchen weich sind, die Sahne zugeben und weitere 10 Min köcheln. Mit Salz, Pfeffer, Zucker und Zitronensaft abschmecken.
Dieses Rezept ist für 4 Personen berechnet. Wird es für mehr als 6 Personen zubreitet, so sollte dieses Gericht tatsächlich 2, 3 oder 4mal separat zubereitet werden, da sich Konsistenz und Geschmack total verändern, wenn man die Zutaten vervielfacht.
Zum Aufwärmen oder Warmhalten, empfehle ich, jeweils 2 Portionen in Kochgefrierbeutel zu füllen und ins Wasserbad zu hängen.
In tiefer Servierschüssel servieren. Dazu schmecken Nudeln, Reis oder Baguettes.

Christian Albrecht, Wentorf:

Perlhuhnbrust in Noilly-Prat-Sauce mit glaçiertem Gemüse

Zutaten:

2 Perlhühner
Noilly Prat (Wermut)
Lauch, Schalotten, Petersilienwurzel und Möhren für die Brühe
Sahne, Crème fraîche
Olivenöl
Salz, Pfeffer, Zimt, frisches Basilikum
20-30 Schalotten
3-4 Möhren
3 TL Honig
Olivenöl
etwas Weißwein

Zubereitung:

Verwendet man normal gewachsene Perlhühner, so genügen zwei Stück. Perlhühner bekommt man in der Regel nur im Ganzen.
Aus der Karkasse bereite ich meine Brühe. Ich löse die Brust aus, zerteile die Karkasse in kleine Stücke und brate sie in Olivenöl scharf an. Dann gebe ich Schalotten, Lauch, Petersilienwurzel und eine Möhre dazu, lösche das Ganze mit Noilly Prat ab und habe eine halbe Stunde später eine feine Brühe. Das läßt sich bequem vor Beginn der eigentlichen Zubereitungen erledigen.
Für die Sauce gieße ich die Brühe durch ein Sieb und reduziere sie. Direkt vor dem Servieren gebe ich etwas Sahne und Crème fraîche dazu und würze mit Pfeffer, Salz, etwas Zimt und fein gehacktem Basilikum. Inzwischen ist Zeit zum Schälen der Schalotten und zum

Putzen und Kleinschneiden der Möhren. Die Möhrenstücke sollten im Format optisch gut zu den Schalotten passen, etwa mit dem Buntmesser geschnittene Scheiben oder mäßig große Stifte.

Das Gemüse glaciere ich in etwas Olivenöl und drei TL Honig. Dann lösche ich sparsam mit Wein ab. Das Gemüse darf nicht braun werden.

Die Hühnerbrust wird in der Pfanne in Olivenöl gebraten. Die Sauce wird abgeschmeckt, ein Saucenspiegel auf jeden Teller gegossen, in dem dann das Perlhuhn Platz nimmt. Daneben verteile ich das Gemüse.

Dr. Roland Brandel, Konz:

Gepökelte Gänsebrust

Zutaten:

2 frische Gänsebrüste
100 g Pökelsalz
Suppengrün
10 Nelken
2 Lorbeerblätter
¼ l saure Sahne
500 g Sauerkraut (fein)
400 g neue Kartoffeln
¼ l Gemüsefond

Zubereitung:

Es wird mit der Hälfte des Pökelsalzes eine Lake zubereitet, in die die Gänsebrüste für 1½ Tage gelegt werden. Nach 1½ Tagen wird die Lake erneuert und weiter Pökelung der Gänsebrüste für insgesamt drei Tage.

Vor der Zubereitung werden die Gänsebrüste der Lake entnommen und trocken gelegt. Anschließend werden in 1½ l Wasser Suppengrün, Nelke und Lorbeerblätter aufgekocht und für ca. ¼ Std kochen gelassen. Danach werden die Gänsebrüste hineingelegt, die Herdtemperatur auf 80-100° heruntergeschaltet und die Gänsebrüste für ca. 1 Std. ziehen gelassen.

In der Zwischenzeit wird das Sauerkraut in Butterschmalz angedünstet. Anschließend trockener Riesling-Sekt hinzugegeben und für 45 Min ziehen gelassen.

Die Kartoffeln werden unter fließendem Wasser gebürstet und anschließend in üblicher Weise gekocht.

Die Gänsebrüste werden entnommen und warm gestellt. Der Gemüsesud wird filtriert und davon ca. ½ l entnommen, der üblicherweise eingekocht wird. Anschließend saure Sahne hinzugeben, nochmals einkochen und würzen.

Die Gänsebrüste werden in Scheiben geschnitten auf einer Platte serviert. Dazu Kartoffeln, Sauerkraut und Sauce.

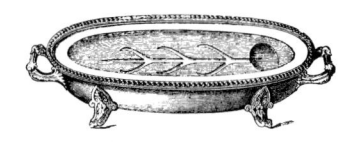

FLEISCH, WILD, INNEREIEN

*Gabriele Borowski,
NZ-Auckland:*

BÖHMISCHE RIPPCHEN
SÜSSAUER

Zutaten:

*750 g Schweinebauchrippchen
vom Freilandschwein (in Stücke
von jeweils 2 Rippchen pro Person geschnitten)
2 gr. rote Zwiebeln
2 EL Weizenkeimöl
2 Knoblauchzehen
Salz, weißer Pfeffer aus der
Mühle
Gewürzter Pfeffer von
McCormick
2 Lorbeerblätter
1 Stück Zitronenschale, unbehandelt, hauchdünn geschält,
5 cm lang
18 getrocknete, ungeschwefelte
und entsteinte Pflaumen
1/4 l entfettete Fleischbrühe oder
Wasser*

Zubereitung:

Rippchen vom Fleischer möglichst fettfrei zurichten und in Stücke von jeweils 2 Rippen schneiden lassen.
Fleisch salzen, mit weißem Pfeffer aus der Mühle und einer Spur gewürztem Pfeffer von beiden Seiten bestreuen. Öl in einer möglichst großflächigen Kasserolle erhitzen, Rippchen von beiden Seiten hell anbraten. Darauf achten, daß der Bratenfond nicht sehr dunkel wird. Kleingehackten Knoblauch auf das Fleisch geben, kurz weiterschmoren. Die in kleine Würfel geschnittenen Zwiebeln dazugeben und unter Rühren einige Minuten schmoren. Lorbeerblätter, Zitronenschale, 10 getr. Pflaumen (8 Pflaumen einstweilen beiseite legen) und Brühe oder Wasser dazugeben und bei geschlossenem Topf 50 Min leise schmoren lassen. Die Flüssigkeit ist am Ende der Garzeit auf eine sämige Sauce reduziert. Nun geben Sie die restlichen 8 Pflaumen dazu und lassen sie in der heißen Sauce ziehen.
Vor dem Anrichten entfernen Sie Lorbeerblätter und evtl. Reste der Zitronenschale.
Das Gericht kann auch einen Tag vorher zubereitet werden. Dann jedoch die restliche Pflaumen erst nach vorsichtigem Erwärmen (ca. 20 Min auf kleinster Stufe) dazugeben.
Ein delikates Gericht, das von der erstklassigen Qualität und Frische des Schweinefleischs abhängig ist.

*Ingeborg Stöckl,
Melsungen:*

SCHWEINEBRATEN MIT
ZITRONE UND
KNOBLAUCH

Zutaten:

*800 g Schweinebraten
(ausgelöstes Kotelett)
4 Knoblauchzehen
2 EL Olivenöl
1 kl. Zitrone
0,1 l trockener Weißwein
2 Lorbeerblätter
Salz, Pfeffer
2 EL Öl
1 TL Gemüsebrühe (Instant)*

Zubereitung:

Die Knoblauchzehen schälen und durch die Knoblauchpresse drücken, dann mit Olivenöl, Salz und Pfeffer vermischen und den Schweinebraten damit bestreichen. Die Zitrone auspressen, den Zitronensaft und den Weißwein mischen und über das Fleisch gießen. Die ausgepreßten Zitronenhälften und die Lorbeerblätter hinzugeben und den Braten einen Tag durchziehen lassen (geht gut in einem großen Gefrierbeutel).

Am nächsten Tag den Braten aus der Marinade nehmen und im heißen Öl rundherum braun anbraten. Die Gemüsebrühe in 0,1 l Wasser auflösen und zusammen mit der Marinade hinzufügen und einmal aufkochen lassen. Den Braten jetzt vier Std zugedeckt im Bratofen bei 80° (Heißluftherd) garen, dabei nach ungefähr 1 Std die Zitronenhälften entfernen.

Maximilian Weinzierl, Regensburg:

Spanferkel mit Bierkruste, Niederbayerischem Geräucherten und Kümmelkartoffeln

Am besten eignet sich das Rückenstück. Die Schwarte wird eingeschnitten und das Fleisch nur mit Salz und Pfeffer gewürzt. Der Rücken und ein gutes Stück Geräuchertes (die verrußte Außenhaut entfernen) werden in die Reine gelegt und in den Backofen geschoben (200-220°). Danach die Kartoffeln schälen und mit viel Kümmel bestreuen. Nach 30 Min das Fleisch wenden, mit wenig Wasser aufgießen, 2 Zwiebelhälften und die vorbereiteten Kartoffeln zum Fleisch in die Reine geben. Weitere 30-45 Min (250°) braten, bis die Kartoffeln gar sind und eine »lederne« Haut bilden. In dieser Zeit die Schwarte regelmäßig mit dunklem Bier übergießen. Es ergibt sich eine schöne, dunkle (wegen dem Geräucherten) Soße, die nicht gebunden wird, sondern (original bayerisch) klar bleibt; sie hat einen leichten Rauchgeschmack. Dazu schmecken Sauerkraut und dunkles Bier.

Elisabeth Bridges, Düsseldorf:

Eingemachtes Kalbfleisch

Ein reichliches Kilo Kalbfleisch, Hals oder Innenkeule. Hals ist zarter, aber ein bißchen hautiger!
Häute und Sehnen entfernen und in 5 x 5 cm große Würfel schneiden.
In Butterschmalz in einem großen Gußeisentopf anbraten und leicht bräunen. 4 Schalotten mit je einer Nelke spicken, 3 Lorbeerblätter hinzufügen, sowie eine breite Scheibe Zitrone (ungespritzt). Mit einem gehäuften EL Mehl bestäuben und mit $1/4$ l Kalbsfond und $1/8$ l trockenen Weißwein auffüllen und unter häufigem Umrühren 50-60 Min bei milder Hitze zugedeckt schmoren. Das Fleisch muß weich sein, die Sauce sämig. Zum Schluß verquirle ich $1/4$ l süße Sahne mit 2 Eigelb (legieren) und ziehe die Mischung unter. Ich schmecke dann nochmals mit Salz, Pfeffer, Weißwein, einem Spritzer Zitrone oder auch mit einem Schluck trockenen Port oder Sherry ab – je nach Lust und Laune und Bestand.
Dazu passen Bandnudeln und glasierte Karotten.

Klaus Greil, Lochham:

KALBSMEDAILLONS MIT BRIES-NIERENSAUCE

Zutaten:

*1 Kalbsniere
Kalbsbries
Öl
Butaris
1/4 l Frascati secco
1 TL Sardellenpaste
1 EL Zitronensaft
1/8 l Sahne
8 kl. Kalbsmedaillons
Butaris*

Zubereitung:

Kalbsniere säubern, in 1/2 cm große Würfel schneiden und lange wässern. Kalbsbries (etwa die gleiche Menge wie die Niere) in Salzwasser 10 Min kochen, abschrecken und möglichst heiß säubern. Nach dem vollständigen Erkalten ebenfalls in 1/2 cm große Würfel schneiden. Nierenstückchen sorgfältig abtrocknen und in sehr heißem Öl-Butaris-Gemisch braun anbraten. Gelegentlich mit etwas Mehl überstäuben.
Aus 1/4 l Frascati, 1 TL Sardellenpaste und 1 EL Zitronensaft ein Gemisch herstellen und die Nierenpfanne damit ablöschen. Dann mit 1/8 l Sahne aufgießen, die Brieswürfel dazugeben und alles durchköcheln lassen. – Bis hierhin gut vorzubereiten!
8 kleine Kalbsmedaillons in Butaris braun (innen rosa) braten. Die wieder erhitzte Sauce abschmecken und ggf. etwas anbinden.
Pro Person 2 Medaillons auf den Teller geben und mit Bries-Nierenstücken überhäufeln. Daneben Bandnudeln mit Sauce (möglichst ohne Stückchen) und farbiges Gemüse ja nach Saison (helle Gemüse wären hier ein zu fader Anblick).
Dazu gibt es einen kräftigen Frankenwein.

Prof. Dr. Henning Huth, Köln:

KALBSNIERE IN GIN UND WACHOLDER

Zutaten:

*1 Kalbsniere
12 Wacholderbeeren
4 cl Gin
90 g Butter
0,1 l Kalbsjus
Butterschmalz
Salz, Pfeffer*

Zubereitung:

Niere säubern, kleine Fetteile können dranbleiben. Nach der natürlich vorgegebenen Gliederung teilen und in ca. 6 mm dicke Scheiben schneiden.
In zwei Pfannen mit jeweils 6 zerstoßenen Wacholderbeeren in Butterschmalz anbraten, einzeln wenden, so daß jede Seite nur einmal mit dem Pfannenboden in Berührung kommt. Wenn kleine Tropfen auf den Scheiben erscheinen, Nieren aus der Pfanne nehmen und im auf ca. 50° vorgewärmten Ofen warmstellen. Bratfett wegschütten, den Bratensatz jeder Pfanne mit je 2 cl Gin ablöschen und

alles in eine Pfanne zusammengießen. Kalbsjus hinzufügen, gekühlte Butter in kleinen Stücken einmontieren, salzen, pfeffern, mit den Nieren vermischen und in heißer Schale servieren.

Susanne Kirchner, Lübeck:

KALBSHAXE MIT SAUCE VON BITTEREN ORANGEN

Zutaten:

2 Kalbshaxen
6 Rosmarinzweige, feingehackt
1 EL Mehl
4 EL (50 g) Butter
1 Glas Weißwein (der gleiche, der dazu getrunken wird)
2 Eigelb
2 EL Saft von bitteren Orangen (oder von Zitronen)
abgeriebene Schale von
1 Zitrone
2 EL gehackte Petersilie
22 cl Kalbsfond

Zubereitung:

Die Haxen mehrmals bis zum Knochen aufschlitzen, Rosmarin mit etwas Salz mischen und die Mischung in die Einschnitte geben. Die Haxen mit Küchenzwirn umwickeln, salzen, pfeffern und ringsum einmehlen. Mit der Butter in eine ofenfeste Kasserolle geben und bei 150° 4 Std braten. Die Haxen aus der Kasserolle nehmen, das Fett abgießen und den Bratensatz mit dem Wein ablöschen. Eigelbe, Orangensaft und Zitronenschale, Petersilie und Kalbsfond in einer Schüssel verquirlen. Die Mischung in die Kasserolle gießen. Bei milder Hitze etwa eine Minute leicht eindicken lassen. Fleisch in Scheiben schneiden und mit Sauce übergießen.

Gesina Limbach, Heidelberg:

OSSO BUCO MIT TAGLIOLINI (MAILÄNDER ART)

Zutaten:

1 EL Butter
4 Kalbshaxen
2 EL Mehl
2 dl Weißwein
Salz, Pfeffer
1 gr. Büschel Petersilie
5 frische, geschälte Tomaten (oder 1 Dose Pelati)
1 Schalotte
1 Karotte, gerieben
1 Stück Sellerie, gerieben
¼ Knoblauchzehe
1 Stück Zitronenschale
Tagliolini

Zubereitung:

Eine schwere Kasserolle mit Butter bestreichen. Die Kalbshaxen (sie sollten 4-5 cm dick geschnitten sein) waschen, abtrocknen, in Mehl wenden und nebeneinander in die Kasserolle legen. Kalt aufsetzen! Beidseitig goldbraun anbraten, dann mit dem Wein ablöschen. Mit dem Goldbraunwerden der Haxen werden auch die Gemüse zugegeben. Mit Salz und Pfeffer würzen, zudecken und 1½-2 Std auf kleiner Flamme schmoren. 5 Min vor Ende der Kochzeit die feingehackte Petersilie, die zerdrückte Knoblauchzehe und die in feine Streifen geschnittene Zitronenschale darüberstreuen. Die Kalbshaxen gut in der Sauce wenden und 5 Min bei kleiner Hitze ziehen lassen.
Die Tagliolini 5 Min kochen lassen. Ein Stück Butter zufü-

gen und in vorgewärmte Schüssel geben. Unbedingt ganz kurz vor dem Servieren kochen. Die Nudel muß absolut frisch, warm dampfend auf den Tisch kommen.

Guido und Werner Pollerhoff, Engelskirchen:

KALBSBRUST GEFÜLLT MIT KALBSLEBER UND ROSINEN

Die Kalbsbrust (ca. 600 g) vom Metzger entbeinen und einschneiden lassen, so daß eine Tasche entsteht. Von Innen mit Salz und Pfeffer einreiben.
Für die Füllung ca. 200 g Kalbsleber, 100 g Kalbsbrät, helle Rosinen und ein Ei. Die Kalbsleber von allen Seiten ca. 3 Min anbraten, salzen und pfeffern und feinhacken und mit dem Kalbsbrät, einem eingeweichten Brötchen, einem Ei und ausgelassenem, mageren, geräucherten Speck (feingewürfelt) vermengen. Die vorher über Nacht in Grappa eingelegten Rosinen ebenfalls dazu, sowie auch einige Tropfen Grappa, nochmals gut vermengen und die Kalbsbrust füllen und zunähen.

Die Kalbsbrust von allen Seiten in reichlich Butter anbraten, salzen und pfeffern und aus dem Topf nehmen. Dann eine zerschnittene Möhre und Zwiebel in dem Brattopf anrösten, Kalbsbrust wieder hinzugeben, 1/10 l trockenem Weißwein, 1/2 l Kalbsfond dazu sowie einen Kräuterstrauß, bestehend aus Petersilie, Thymian und Lorbeerblatt, und im Backofen ca. 2 Std bei mittlerer Hitze garen.
Kalbsbrust rausnehmen und warmstellen. Den Bratfond passieren, einkochen auf ca. ein Viertel, ein Glas Vin Santo dazugeben, abschmecken und mit kalter Butter aufschlagen. Die Kalbsbrust (Faden entfernen) aufschneiden, auf dem Teller anrichten und mit der Sauce und feinen Bandnudeln servieren.

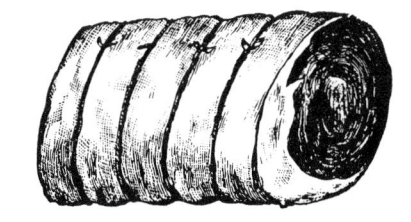

Verena Gräf, Wentorf:

OCHSENFILET MIT SHERRY-SCHALOTTEN

Zutaten:

4 Scheiben Ochsenfilet à 150 g (beim Fleischer vorbestellen, sie müssen alle die gleiche Größe haben!)
4 EL Öl zum Braten
6 EL trockener Sherry (Sandeman)
schwarzer frischgemahlener Pfeffer
1 Prise Salz
550 g Schalotten
8 mittelgroße, feste Tomaten (keine Fleischtomaten)
1/2 Bund Basilikum

Zubereitung:

Schalotten schälen. Tomaten mit kochendem Wasser übergießen, Haut entfernen und halbieren. Die Tomaten mit einem TL aushöhlen. Basilikumblätter von den Stielen abzupfen, waschen und mit Küchenpapier trockentupfen. Öl und Sherry in einen großen Topf geben, die 4 Filets nebeneinander in die Mitte legen, Schalotten um die Filets drapieren, Tomaten mit der Rundung nach oben auf die Schalotten setzen. Mit Pfeffer und Salz würzen. Basilikumblätter auf Fleisch und Gemüse verteilen. Im geschlossenen Topf 2 Std bei kleinster Stufe (E-Herd 1/2) garen. Auf vorgewärmten Tellern Fleisch, Gemüse und Bratensaft anrichten. Dazu warme Baguette reichen.

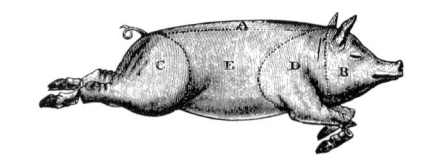

Gabriele Lenz, Emsdetten:

POCHIERTES OCHSENFILET MIT MEERRETTICH-HOLLANDAISE

Für das Ochsenfilet koche ich eine recht intensive Rindfleischbrühe. Dann wird das Ochsenfilet, welches ich aus dem Mittelstück geschnitten habe (ca. 800 g) in die kochende Brühe gelegt und ca. 30 Min sanft geköchelt.
Für die Meerrettich-Hollandaise bereite ich zunächst eine klassische Holländische Sauce zu: Ich zerlasse 175 g Butter und stelle sie gut warm. Dann schlage ich in einem flachen Stieltopf 3 Eigelb mit weißem Pfeffer und Salz, bis sie dicklich werden,

dann gebe ich 1 El Zitronensaft zu. Dann setze ich den Topf auf sehr schwache Hitze und schlage ein Stückchen eiskalte Butter hin. Vorsichtig, daß die Eimasse nicht zu heiß wird, Topf immer wieder von der Kochstelle nehmen! Dann schlage ich 1 EL Sahne hinein und anschließend langsam die heiße Butter.
Das Ochsenfilet wird in Scheiben geschnitten auf dem vorgewärmten Teller angerichtet und mit der Hollandaise übergossen. Darüber streue ich frisch geschabten Meerrettich und zur Dekoration etwas Petersilie. Dazu Kartoffelgratin und Spargel.

Horst Mauder, Tübingen:

GASCOGNER RINDFLEISCH MIT PILZEN

Zutaten:

1 kg Rinderkeule
1 Fl. Rotwein
3 Knoblauchzehen
1 Lorbeerblatt
2 Zwiebeln

8 Körner Nelkenpfeffer
1 Stück Sellerie
Speck
2 Möhren
1 Stange Lauch (das Weiße)
2 Tomaten
Salz, Pfeffer
1 TL Thymian
Schweineschmalz
1 Glas Armagnac
1 Soßenlebkuchen
1/4 l Brühe
4 Schalotten
Butter
250 g Pilze
1 EL gehackte Petersilie

Zubereitung:

Rinderkeule in 8-10 Würfel schneiden, in Steinguttopf schichten, Lorbeerblatt, Nelkenpfeffer, 1 in Scheiben geschnittene Zwiebel, Möhren, Sellerie, Pfeffer und eine Knoblauchzehe dazugeben, mit Rotwein aufgießen und 6 Std marinieren lassen.
Aus der Marinade nehmen, abtrocknen, in einer großen Pfanne das Schweineschmalz erhitzen, die Fleischstücke von allen Seiten gut anbraten. Mit Armagnac übergießen und flambieren, mit etwas Marinade ablöschen. Die Gemüse aus der Marinade mit den übrigen, grob

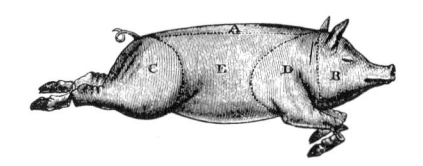

zerkleinerten Gemüsen in den Römertopf schichten, die Fleischstücke darauflegen, 50 g geräucherten Bauchspeck in Würfel dazu, 1 TL Thymian darüberstreuen, die Knoblauchzehen zugeben. Das Lorbeerblatt aus der Marinade nehmen, Marinade mit 1/4 l Fleischbrühe auf knapp 1/2 l reduzieren, zerkrümelten Soßenlebkuchen beifügen. Die Soße muß sämig sein. Über das Fleisch gießen, salzen, Römertopf schließen und im Rohr 4 Std bei 170° garen. (Auch der losgekochte Bratensatz wurde zur Soße gegeben.)
Fleisch aus der Soße nehmen, Soße durch ein Sieb geben, die Gemüse leicht ausdrücken, abschmecken und über das Fleisch geben.
Pilze putzen, evtl. grob zerkleinern, Schalotten fein würfeln, in der Pfanne Butter erhitzen, Schalotten darin leicht gelb anlaufen lassen, Pilze zugeben, ca. 10 Min braten, bis das Vegetationswasser verdampft ist, evtl. etwas Brühe angießen, salzen, pfeffern und zum Schluß die Petersilie zufügen. Die Pilze sollen fast trocken sein, getrennt servieren.

Dorothee Schmidt-Smeding, Kiel:

PÖKELFLEISCH MIT 3 SAUCEN

Ein Tafelspitzstück, von einem guten Schlachter gepökelt, ist das Richtige. Man braucht für 4 Personen 1 kg Fleisch, 500 g Rinderknochen, 1 Möhre, 1 Stange Porree, 1 Stück Sellerie. Man läßt die Knochen in 2 l nur leicht gesalzenem Wasser 1 Std kochen, gibt das Suppengemüse dazu und kocht das Fleisch langsam in ca. 1 1/2 Std. bei schwacher Hitze.
In die Kochbrühe gebe ich 1 Schnapsglas Cognac oder Wacholderschnaps; angeblich macht er das Fleisch zarter. Dazu gibt es Salzkartoffeln, süßsauer eingelegte Beilagen wie Pfeffergürkchen, Kürbis, rote Bete, Essigpflaumen usw. und 3 verschiedene Saucen.
Bei uns ist die grüne Sauce die beliebteste: Man würfelt 2 Schalotten und dünstet sie in 20 g Butter, dazu gießt man 1 Glas Weißwein, läßt einkochen und füllt mit 200 g Crème fraîche und 1/8 l Schlagsahne auf, läßt im offenen Topf cremig einkochen und schmeckt mit Salz und Pfeffer ab. Dazu kommen gemischte, gehackte Kräuter nach Geschmack. Wenn man die doppelte Menge davon kocht, bleibt wahrscheinlich auch nicht viel übrig.
Senfsauce gehört auch dazu: 3 EL Mehl in 3 EL Butter anschwitzen, mit 3/4 l Brühe ablöschen, 15 Min kochen lassen. Senf nach Geschmack dazu und mit 3 Eigelb und 1/8 l Sahne legieren.
In vielen Familien gehört noch Rosinensauce dazu: Ich koche sie so wie die Senfsauce, nehme aber als Flüssigkeit halb Brühe, halb Rotwein, würze auch diese Sauce mit Senf und füge 100 g in Rum gekochte Rosinen hinzu. Schmeckt sehr norddeutsch, paßt aber gut dazu.

Margarete Pflumm, Kaiserslautern:

PFERDEGULASCH MIT BACKPFLAUMEN

Zutaten:

1 kg Fleisch (in Gulaschstücken)
3 EL Pflanzenöl
4 gr. Zwiebeln
1 ganze Knoblauchknolle
2 mittelgr. Chilischoten
20-30 Backpflaumen oder Zwetschgen
1/2 l Wasser
1/4 l säurereicher Weißwein (z.B. Edelzwicker)
1 EL Rosenpaprika (süß)
Salz
schwarzer und weißer Pfeffer
Cayennepfeffer

Zubereitung:

Die Fleischwürfel in Öl sanft anbraten. Die Zwiebeln und die Knoblauchzehen grob zerschnitten dazugeben. Mit Salz, schwarzem und weißem Pfeffer und dem Paprika würzen. Die Chilischoten dazugeben. Mit Wasser und Wein aufgießen. Die entsteinten Backpflaumen (oder späte Hauszwetschgen) mitdünsten lassen. Alles gut durchrühren und im Dampfdrucktopf garen. Die Garzeit richtet sich nach dem Pferdefleisch: nach 40 Min ist es weich; längere Garzeit ist aber von Nutzen. Vor dem Auftragen mit Cayennepfeffer (gemahlen) abschmecken, denn die Schärfe und die Säure geben dem Gulasch den Pfiff.

Inge Nold, Emmendingen-Mundingen:

REHRÜCKEN MIT RAHMSAUCE

Zutaten:

2 mittelgroße Zwiebeln
Suppenkräuter
Wacholderbeeren
Weißtannenzweiglein
Kartoffelmehl
Pfeffer, Salz
Zitrone
saurer Rahm
100 g Butter
1 Rehrücken

Zubereitung:

Zwiebeln in große Stücke schneiden (Schale kann dranbleiben), in Butter andünsten und 2-3 gehäufte EL Suppenkräuter dazugeben.
Das Fleisch mit Pfeffer, Salz und den zerquetschten Wacholderbeeren rundherum gut einreiben. (Fleisch nicht waschen.) Danach das Fleisch auf die Zwiebel und die Suppengewürze legen und bei leichter Hitze anbraten. Dabei das Gefäß zudecken. (Als Gefäß eignet sich sehr gut ein ca. 60 cm langer Fischtopf.) Den Backofen inzwischen auf 225° erhitzen. Wenn das Fleisch auf den Herdplatten sanft angebraten ist, wird es ohne Deckel in den Backofen geschoben, ein kleines Weißtannenzweiglein dazugeben. Nach 10-15 Min (nichts darf zu braun sein!) ca. 250-300 ccm Wasser dazugeben. Während des Bratvorgangs den Rehrücken ständig mit der im Topf befindlichen Flüssigkeit übergießen. Verdampftes Wasser soll ergänzt werden. Knapp 1/4 l Saucenflüssigkeit sollte immer vorhanden sein. Die Bratdauer beträgt ca. 60 Min.
Ist das Fleisch gar, Rehrücken auf einer Platte warmstellen.

Sauce durch ein Sieb geben, etwas Kartoffelmehl in kaltem Wasser anrühren und dazugeben. Etwas sauren Rahm, etwas Zitronensaft (vorsichtig), etwas Würze. Den Rehrücken mit etwas Sauce übergießen, restliche Sauce in Sauciere. Rehrücken mit Preiselbeeren und erhitzter Birne umlegen. (Birnen schälen, halbieren, entkernen, in Zuckerwasser mit einer Zimtstange weichkochen.)

Birgit Behnke, Hamburg:

REHKEULE MIT SANDDORN-SAUCE

Rehkeule waschen, häuten und mit einer Mischung aus Salz, grobem Pfeffer und geschroteten Wacholderbeeren einreiben. 1 Nacht im Kühlschrank ziehen lassen.
In einer großen Kasserole scharf in Butaris anbraten, dann in den heißen Ofen und bei ca. 150-175° eine gute Stunde braten lassen. Während dieser Zeit immer mal wieder mit einer Flüssigkeit aus halb Rotwein, halb Wildfond begießen.
Danach eine halbe Stunde bei ca. 80° in der Flüssigkeit ruhen lassen.
Die Sanddorn-Sauce bereite ich separat. Dazu eine große, ganz fein gehackte Zwiebel, ganz fein gehackten, durchwachsenen Speck und etwas Butter bei milder Hitze Farbe annehmen lassen, ohne daß es braun wird. Dann 1 Glas Wildfond dazugeben, einen guten Schuß Rotwein und gut einkochen lassen. Der Geschmack darf sehr kräftig, fast ein bißchen bitter sein. Dann 2-3 EL Sanddornsaft dazugeben und ca. 4 Kemm'sche Braune Kuchen in der Sauce auflösen. Die Flüssigkeit von der Rehkeule dazugeben, alles durch ein feines Sieb geben und mit 1 Becher Crème fraîche verrühren.

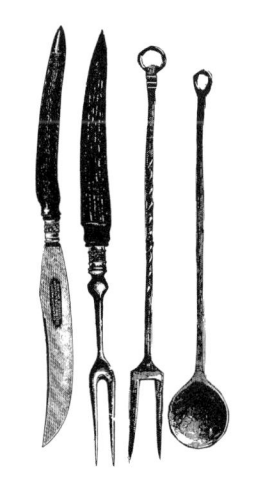

Gudrun Heute-Bluhm, Sölden:

POCHIERTES REHFILET MIT MEERRETTICH-GEMÜSESUD

Zutaten:

1 ausgelöster Rehrücken mit Knochen
300 g Möhren
300 g Sellerie
600 g weiße Rübchen
1 Kohlrabi
500 g Kartoffeln, festkochend
100 g Butter
400 ml Wildfond
1 Stange Lauch
Pfefferkörner und Wacholderbeeren
1 Stück Meerrettich, frisch geschabt

Zubereitung:

Das Gemüse putzen und mit einem Kugelausstecher so viele Perlen wie möglich ausstechen. Das restliche Gemüse mit den kleingehackten Rehknochen in Butter anbraten und mit Wildfond aufgießen. Pfefferkörner mit Wacholderbeeren grob zerstoßen und in den Fond geben und das Ganze auf kleiner

Flamme im geschlossenen Topf 20 Min köcheln lassen.
Den Fond durch ein Sieb passieren, in einen Topf geben und die Gemüseperlen darin bißfest garen, herausnehmen und warmstellen. Das Fleisch wird an einem hölzernen Löffelstiel festgebunden und so in den Topf gehängt, daß es von der Brühe bedeckt ist und den Topfboden nicht berührt. Ca. 15 Min leise sieden lassen und, in Alufolie gewickelt, ruhen lassen.
In der Zwischenzeit den Fond noch etwas reduzieren und mit Butter und Meerrettich aufmixen.
Die Gemüseperlen in tiefen Tellern anrichten, den Fond darübergeben und das in Scheiben geschnittene Rehfilet kreisförmig dazu anrichten.

Johannes Ludwig, Berlin:

FRISCHLINGSRÜCKEN MIT SPITZKOHL

Ein Stück Frischlingsrücken von ca. 1,3 kg, nach Möglichkeit das hintere Ende (Filets ausgelöst und anderweitig genossen), wird vorsichtig auf der Oberseite rautenförmig eingeritzt, ohne das unter der dünnen Fetthaut liegende Fleisch zu verletzten. Der Rücken wird mit einer Mischung aus 3 Wacholderbeeren, 6 Pimentkörner, 12 weißen Pfefferkörnern, 1 Lorbeerblatt, einer kräftigen Prise Meersalz (alles zerstoßen), einer kleinen Prise getrocknetem Thymian sowie 2 kleinen, zerdrückten Knoblauchzehen eingerieben und in hellbrauner Butter von allen Seiten sautiert. Anschließend kommt der Braten in den Ofen (für 10-15 Min ca. 200°, anschließend ca. 150°). Alle 10-15 Min begießen, nach etwa 60-70 Min ist der Braten ausreichend durch, aber noch saftig.
Der Bratenfond wird mit etwas am Vortag zubereiteten Wildschweinfond abgelöscht, mit einem Spritzer Balsamico-Essig aromatisiert, anschließend werden ca. 20-30 g Butter untergerührt. Mit dieser Soße wird der am Tisch aufgeschnittene Braten dann begossen.
2 kleine Köpfe Spitzkohl zu ca. je 600 g werden gewaschen, geviertelt und nach Entfernung der äußeren Blätter und des Strunks in fingerbreite Streifen geschnitten. Der Kohl wird anschließend in ca. 30 g Butter angedünstet, mit Meersalz und weißem Pfeffer aus der Mühle gewürzt, mit geschlossenem Deckel noch ca. 10 Min gedünstet und ohne weitere Zugaben serviert.

Gudrun Schollmeyer-Carl, Berlin:

RAGOUT AUS DER HIRSCHKEULE, ROSA GEBRATEN

Zutaten:

800 g Hirschkeule, frisch, ohne Knochen
ca. 3 EL Butter
Salz, Pfeffer aus der Mühle
ca. 1 kg Wildknochen und Wildabschnitte
1 Bund Suppengrün

1 Zwiebel
1-2 Knoblauchzehen
wenig Mehl
etwas Tomatenmark
Einweichwasser von Steinpilzen
70 g Schinkenspeck
1 Fl. kräftigen Rotwein, z.B. Bordeaux
getr. Thymian
8-10 Wacholderbeeren
8-10 Pfefferkörner
1 Lorbeerblatt
1 Verschlußkappe Cognac
Butterschmalz
1 kleines Glas Portwein (Tawny, ca. 0,05 l)
ca. 100 g eiskalte Butterwürfelchen
Salz, Pfeffer aus der Mühle

Zubereitung:

Wildknochen und Wildabschnitte unter fließendem kalten Wasser waschen und mit Küchenpapier abtupfen. Suppengrün, Zwiebel, Knoblauchzehen und Schinkenspeck würfeln. Butterschmalz in einem großen Bratentopf erhitzen und nach und nach die Wildknochen und Wildabschnitte stark anbräunen. Nach dem Anbraten in einen tiefen Teller legen. Danach Suppengrün, Zwiebel- und Knoblauchwürfel sowie Schinkenspeck im Topf braten. Ist alles gut angeröstet, das Tomatenmark dazugeben und gut durchschwitzen lassen. Wildknochen und Wildabschnitte wieder zugeben und gleichmäßig mit Mehl bestäuben. Sofort unterrühren und mit Cognac ablöschen. Mit etwas Rotwein auffüllen und einkochen lassen, bis die Flüssigkeit fast vollständig verdampft ist, selbe Prozedur wiederholen, dann mit dem restlichen Rotwein auffüllen. Einweichwasser der Steinpilze, Thymian, Wacholderbeeren, Pfefferkörner und Lorbeerblatt zugeben und im offenen Topf ca. 1 Std köcheln lassen. Durch ein Sieb gießen und Gemüse dabei gut ausdrücken. Ergibt etwa ³/₈ l. Sauce entfetten. Rotweinsauce mit Portwein mischen und in der Sauteuse auf die Hälfte reduzieren, abschmecken mit Salz und Pfeffer, evtl. noch etwas Cognac dazugeben.
Die Hirschkeule, die inzwischen in ca. 3 x 3 cm große Würfel geschnitten ist, in einer Pfanne portionsweise in Butter bei milder Hitze in ca. 4-5 Min rundum braten, pfeffern und wenig salzen und in Alufolie gewickelt warmstellen. Sind alle Würfel gebraten, den ausgetretenen Fleischsaft in die reduzierte Sauce geben und die eiskalten Butterstückchen unter ständigem Rühren mit dem Schneebesen einmontieren, bis die Sauce eine gute Konsistenz hat. Evtl. nochmals nachwürzen. Dazu Weißbrotplätzchen.

Beate Hachfeld, Berlin:

KANINCHENLÄUFE MIT LINSEN UND GNOCCHI

Zutaten:

für das Kaninchen:

8 Kaninchenläufe
mind. 500 g Zwiebeln
etwa 10 Knoblauchzehen
Pfeffer, Salz
Fenchelsamen
4 Lorbeerblätter
Olivenöl
Pernod
Hühnerfond

für die Linsen:

250 g kleine grüne Linsen
Koriander
1 Lorbeerblatt

1 gr. Zwiebel
1 Knoblauchzehe
Tomatenmark
Pfeffer, Salz
Olivenöl

für die Gnocchi:

500 g mehlige Kartoffeln
100 g geriebenen Parmesan
1 Ei
Mehl
Salz, Pfeffer

Zubereitung:

Öl in einem flachen, breiten Topf nicht zu stark erhitzen und die Kaninchenläufe darin (evtl. nacheinander) langsam anbraten. Die in halbierte Scheiben geschnittene Zwiebeln und den geschnittenen Knoblauch dazugeben und etwas anschmoren, dann pfeffern, salzen, die Lorbeerblätter und zerdrückten Fenchelsamen zufügen und mit einem guten Schuß Pernod ablöschen. Aufkochen lassen, den Deckel auflegen und in ca. 50 Min weichschmoren. Bei Bedarf etwas Hühnerfond zugießen.
Linsen waschen und evtl. einweichen, dann reduziert sich die Kochzeit. Mit dem zerdrückten Koriander und dem Lorbeerblatt im Einweichwasser garkochen (bißfest) und dann abgießen, das Lorbeerblatt entfernen. Zwiebel und Knoblauch hacken und in etwas Olivenöl weichdünsten, salzen, pfeffern, etwas Tomatenmark zugeben, mit den Linsen verrühren, noch einmal erhitzen und zu den Kaninchenläufen reichen.
Die Kartoffeln schälen, garkochen und durch eine Presse drücken, abkühlen lassen. Ei, Parmesan und etwas Mehl zu den Kartoffeln geben, pfeffern, salzen und alles gut verkneten. Die Masse vierteln und jeweils auf einer bemehlten Fläche zur Rolle (Durchmesser 2 cm) formen. ½ cm dicke Stücke abschneiden und nacheinander in kochendes Salzwasser geben und ca. 3 Min garziehen lassen. Herausheben, abtropfen lassen, mit zerlassener Butter und etwas Parmesan bestreuen und zu den Kaninchenläufen mit Linsen servieren.

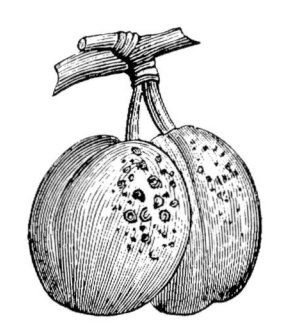

Dr. Woelfgang Koelfen, Edingen:

Kaninchenfilet mit Ingwerkruste und Pflaumensauce

Zutaten:

8 Kaninchenfilets
500 g Pflaumen
Portwein
Sahne
Crème fraîche
Ingwer

Zubereitung:

Pflaumen mit Portwein kochen lassen. Pflaumen pürieren, passieren, mit Sahne und Crème fraîche einkochen, reduzieren und noch einmal reduzieren. Eingelegter Ingwer, möglichst rote Knollen, kleinhacken und kaltstellen.
Kaninchenfilets kurz anbraten. Filets mit Ingwerhaube bedecken und bei Oberhitze sehr kurz in den Ofen. Pflaumensauce auf den Teller geben, dann Filets darauflegen.

Herbert Michel, Walluf:

DIPPEHAS

Zutaten:

2-3 Hasenkeulen
500 g Schweinenacken
10 Scheiben geräucherten Speck
⅛ l Schweineblut (könnte man auch weglassen)
¼ l Hühnerbrühe
ca. 500 g Wurzelgemüse (Karotten, Pastinaken, Petersilienwurzeln, Lauch, Sellerie und weiße Rüben)
100 g Leb- oder Pfefferkuchen oder Schwarzbrot
Lebkuchengewürz
4 Wacholderbeeren
1 EL Speisestärke
1 Knoblauchzehe
2 EL Johannisbeergelee
1 Bund Thymian
3 Lorbeerblätter
3 Nelken
1 Pfd. Brotteig
1 Fl. Rotwein mit einem mittleren Gehalt an Gerbsäure
Pfeffer aus der Mühle, Salz

Zubereitung:

Hasenkeulen marinieren. Schweinenacken in 2 cm große Würfel schneiden. Wurzelgemüse in 2 x 2 cm große Streifen schneiden und diese dann in dünne Scheiben, Zwiebeln würfeln, Leb- oder Pfefferkuchen oder Schwarzbrot fein bröseln. Schweinenacken evtl. mit etwas Öl in der Pfanne leicht anbraten, herausnehmen, dann Keulen im zurückgebliebenen Fett anbraten, nicht zu scharf, damit der Fond nicht schwarz wird, Fond mit etwas Hühnerbrühe ablöschen. Alles abkühlen lassen. Fleischwürfel und Keulen kräftig pfeffern und salzen. Hasenkeulen, Schweinewürfel, Wurzelgemüse und Knoblauchzehe schichtweise in eine Schüssel legen. Hühnerbrühe und Rotwein (halb und halb) mit ½ TL Lebkuchengewürz, angequetschte Wacholderbeeren, Lorbeerblätter, Nelken, gehackten Thymian, Bröseln und Gelee vermischen, darübergießen, alles gut bedecken. Über Nacht in den Kühlschrank stellen.

Das Besondere an der Zubereitung eines »Dippehas« ist, daß alle Zutaten in einen Topf (Gußeisen, Ton- oder Römertopf) mit Deckel kommen, der mit Brotteig verschlossen wird. Nach der mehrstündigen Garzeit kommt der Topf ungeöffnet auf den Tisch. Dann wird die Brotkruste, die ein Teil des Aromas aufgenommen haben soll, gelöst und der Deckel geöffnet. In den alten Rezepten ist immer von einem ganzen Hasen die Rede. Ich nehme aber lieber Keulen, denn wer will schon Kopf und Brust. Also: Hasenkeulen aus der Marinade nehmen. Topf mit den Speckscheiben auslegen. Marinade durchseihen. Schweinefleisch, Wurzelgemüse, Lebkuchen etc. aus dem Sieb mit den Hasenkeulen in den Topf schichten. Marinade mit Schweineblut und 1 EL Kartoffelmehl verrühren und über das Ganze gießen. In den kalten Backofen stellen und bei ca. 170-180° ca. 3½ Std garen.

Rosemarie Schwarz, Mannheim:

HASE SATT

Zutaten für 6–8 Personen:

2 mittlere Feldhasen
200 g Karotten
200 g Lauch
200 g Sellerieknolle
evtl. 100-150 g Champignonabschnitte
1 Zwiebel
2 Knoblauchzehen
1 Lorbeerblatt
1 EL Tomatenmark
Thymian
Wacholderbeeren
Salz, Pfeffer
50 g fetter Räucherspeck
Öl und Butter zum Braten
300 g Crème double
2 Fl. kräftigen Rotwein (Côte du Rhône)

Zubereitung:

Die Hasen werden zerlegt in Rücken und Schlegel. Rücken und Hinterschlegel müssen sorgfältig gehäutet werden. Die Rücken mit Öl einreiben, mit frisch gemahlenem Pfeffer und fein zerriebenem Thymian bestreuen und mit einigen zerdrückten Wacholderbeeren belegen. In Folie einschlagen und kühlstellen.

Das Gemüse putzen und klein schneiden bzw. grob raffeln. In einem großen gußeisernen Bräter 1 EL Butter zerlassen, den kleingewürfelten Speck beifügen und bei milder Hitze ausbraten. In diesem Fett zunächst die Hinterschlegel von allen Seiten anbraten. Aus dem Bratfett nehmen, leicht salzen und pfeffern und mit zerriebenem Thymian bestreuen. Im gleichen Bratfett nun die Vorderschlegel und die übrigen Fleischabschnitte, wie Bauchlappen usw. anbraten. Dann das zerkleinerte Gemüse und die geschälten, ganzen Knoblauchzehen beifügen und unter gelegentlichem Umrühren mitanrösten. Wenn alles gut Farbe angenommen hat, mit dem Rotwein ablöschen, aufkochen. Tomatenmark beifügen, ebenso Lorbeerblatt. Mit Salz und Pfeffer sehr vorsichtig würzen, da dieser Fond noch sehr eingekocht wird. Jetzt die angebratenen Hinterschlegel einlegen, zum Kochen bringen, zudecken und im Ofen bei niedriger Hitze (ca. 140°) 1½-2 Std schmoren lassen.

Die Hinterschlegel aus dem Fond nehmen, und den Fond durch ein Sieb abseihen. Gemüse und Fleischabschnitte gut ausdrücken und dann wegwerfen. Den Fond auf etwa ½ l einkochen. Das Fleisch von den Knochen lösen, in einen kleinen Topf geben und mit Fond knapp bedecken.

Soweit kann das Gericht gut 1-2 Tage im voraus zubereitet werden.

Etwa 30 Min vor dem Servieren des Hauptgangs Ofen auf 210° anheizen. In einem gußeisernen ovalen Bräter in etwas Butter-Öl-Gemisch die Hasenrücken auf der Oberseite anbraten, nebeneinander setzen und im offenen Bräter im Ofen 8-10 min. braten. Dazwischen immer wieder mit Fingerdruck Garzustand überprüfen. Herausnehmen und auf einer vorgewärmten Platte zugedeckt rasten lassen.

Bratensatz mit Saucenfond ablöschen, einkochen, dann löffelweise Crème double zufügen. Zum Schluß mit Salz und Pfeffer abschmecken und 10 zerdrückte Wacholderbeeren unterrühren. Während der Saucenzubereitung das Schlegelfleisch langsam erwärmen. Die Rückenfilets auslösen und in schräge Scheiben schneiden. Zusammen auf einer Platte anrichten und mit etwas Sauce übergießen. Die restliche Sauce getrennt dazu reichen.

Richard Walter, Eichstätt:

KANINCHEN IN WILDBEIZE MIT SCHOKOLADENSAUCE

Zutaten:

1 Kaninchen (ca. 1,2 kg mit Kopf, ohne Innereien)

für die Beize:

200 g Zwiebeln
1 Petersilienwurzel
1 mittelgroße Karotte
2 Knoblauchzehen
50 g frische Ingwerknolle
1 TL Wacholderbeeren
1 TL Nelken
1 TL Piment
1 TL Pfefferkörner
1 TL Rosmarin
1 TL Korianderkörner
2 getrocknete und zerdrückte rote Chilischoten
3 Lorbeerblätter
1 TL Saft
1 TL Zucker
3/8 l Rotwein
1/8 l Rotweinessig

für das Schmoren:

100 g Butterschmalz
1 unbehandelte Orange
50 g durchwachsener Speck
5 EL Öl (nach Belieben auch weniger)
50 g Pinienkerne
50 g Korinthen
50 g zartbittere Schokolade

Zubereitung:

Den Kopf des Kaninchens abtrennen. Vorder- und Hinterläufe abtrennen. Den Rücken quer in 4 Stücke schneiden und in eine Schüssel geben.
Dann die Beize zubereiten: Dazu Zwiebel pellen und in Scheiben schneiden. Petersilienwurzel und Karotte fein würfeln. Knoblauchzehen ungeschält zerdrücken. Den Ingwer ungeschält in dünne Scheiben schneiden. Alle angegebenen Gewürze, Rotwein und Rotweinessig mit dem zubereiteten Gemüse in einem Topf einmal aufkochen und dann abkühlen lassen.
Kaninchenteile mitsamt der Beize in einen stabilen Gefrierbeutel geben und gut verschließen. Kaninchen unter mehrmaligem Wenden 25 Stunden in der Beize durchziehen lassen. Dabei kühlstellen.

Kaninchenteile aus der Beize nehmen, abtropfen lassen und mit Küchenkrepp trockentupfen. Das Butterschmalz in einem Schmortopf sehr heiß werden lassen. Die Kaninchenteile darin von allen Seiten kurz und scharf anbraten. Anschließend salzen und die Beize zugießen. Den Schmortopf zugedeckt auf der untersten Einschubleiste unterbringen. Das Kaninchen im vorgeheizten Backofen bei 225° 45 Min schmoren lassen.
In der Zwischenzeit die Orange dünn abreiben und anschließend auspressen. Den Speck fein würfeln. Öl in einer Pfanne sehr heiß werden lassen. Speck und Pinienkerne darin unter Wenden braun rösten. Orangenschale und -saft und die Korinthen zugeben und kurz durchschmoren. Die Pfanne vom Herd nehmen. Die Schokolade fein würfeln und unterrühren. Sauce danach wieder kurz durchkochen.
Den Deckel nach angegebener Garzeit vom Schmortopf nehmen und das Kaninchen offen weitere 10 Min garen. Anschließend aus dem Ofen nehmen. Die Kaninchenteile mit etwas Zwiebeln aus dem Schmortopf nehmen und auf einer vorge-

wärmten Platte anrichten und zugedeckt warmstellen. Schmortopf durch ein Sieb entleeren. Den Fond in die Schokoladensauce geben und noch einmal kurz durchkochen. Die Kaninchenteile vor dem Servieren mit wenig Schokoladensauce übergießen. Die restliche Sauce getrennt dazu reichen. Mit Bandnudeln als Beilage servieren.

Prof. Dr. P. Weyerstahl, Berlin:

POT-AU-FEU VOM KANINCHEN MIT FRISCHEN MORCHELN

Zutaten:

1 Kaninchen
½ l heller Kalbsfond oder Geflügelfond
2 Schalotten
1 Knoblauchzehe
500 g Sellerie
500 g Möhren
100 g Lauch
200 ml Weißwein
2 Eiweiß
100 g frische Morcheln
Kerbel

Zubereitung:

Vom Kaninchen werden die Rückenfilets und die Nieren ausgelöst. Von den Keulen wird das Fleisch abgeschnitten und feingehackt. Alle Knochen und restlichen Fleischteile werden in etwas Öl hellbraun angeröstet, etwa 50 g Sellerie und Möhren, die als Abschnitte bei der Zubereitung der Gemüseeinlage übrigbleiben, sowie Schalotten, Knoblauch und Lauch kurzzeitig mitrösten. Dann wird mit 1½ l Wasser, dem Kalbsfond und Wein aufgefüllt und 3 Std offen geköchelt. Die Brühe wird abgesiebt; erkalten lassen und völlig entfetten. Das Keulenfleisch wird mit dem Eiweiß verrührt, mit der Brühe aufgegossen und verrührt. Diese Mischung wird etwa 30 Min erhitzt ohne zu kochen. Danach wird durch ein Mulltuch abgegossen. Die von selbst ablaufende Brühe muß glasklar sein. Durch Ausdrücken des Rückstandes wird noch etwas trübe Brühe aufgefangen.
Die Rückenfilets werden in Scheiben geschnitten, die Nieren halbiert und alles in der stark gesalzenen trüben Brühe für einige Minuten pochiert. Möhren und Sellerie werden in möglichst große dünne Scheiben geschnitten, die in Salzwasser halbweich pochiert werden. Die Abschnitte werden zum Fond verwendet. Aus den halbweichen Scheiben werden mit kleinen Ausstechern Herzen, Monde, Kleeblätter etc. ausgestochen.
Die klare Brühe wird bis zum Kochen erhitzt, abgeschmeckt und in tiefe Teller gegeben. Dazu wird für jeden eine halbe Niere, einige Scheiben Fleisch, Morcheln und ausgestochenes Gemüse gegeben. Mit etwas gezupftem Kerbel kann garniert werden.

Markus Tillier, Karlsruhe:

KANINCHEN IN OLIVENSAUCE

Zutaten:

1 Kaninchen
Salz, Pfeffer
1 Zweig Rosmarin
2 Möhren
100 g Sellerie
2 Zwiebeln
2 Tomaten
30 schwarze Oliven

4 EL Olivenöl
250 ml Weißwein
20 g Olivenpaste
250 ml Hühnerbrühe
250 g Crème fraîche

Zubereitung:

Das Kaninchen unter kaltem Wasser abspülen, trockentupfen, in acht Teile zerlegen und mit Salz und Pfeffer würzen. Rosmarin abspülen, trockentupfen, die Blättchen abzupfen und feinhacken.
Möhren und Sellerie schälen, waschen und in Stücke schneiden. Zwiebeln abziehen und würfeln. Tomaten enthäuten, entkernen, grob zerkleinern. Oliven vierteln und entkernen. Olivenöl erhitzen und die Kaninchenstücke darin von allen Seiten anbraten. Gemüse dazugeben und mitbraten. Weißwein angießen. Olivenpaste unterrühren und die Hühnerbrühe hinzugießen. Kaninchen in etwa einer Stunde garschmoren. Die Sauce im Mixer pürieren, Crème fraîche unterrühren und einkochen lassen. Evtl. nochmals abschmecken. Als Beilage passen bunte Nudeln.

Bettina und Thomas Sell, Berlin:

Milchzicklein mit Zuckerschoten und frischen Morcheln

Die Morcheln werden gut gesäubert und in Butter gebraten, gepfeffert, gesalzen und kurz vor dem Servieren mit etwas süßer Sahne abgezogen. Dabei rechnet man als Beilage für 4 Personen ungefähr 300 g. Werden getrocknete Morcheln verwendet, müssen diese vorher eingeweicht werden. In jedem Falle dauert der Kochvorgang ca. 15 Min.
Bevor aber die leckeren Morcheln zu dem Zicklein können, muß dieses erst einmal auf den Tisch. Dazu wird vorzugsweise eine, ein reichliches Kilo schwere Keule in vier gleichmäßig große Stücke geteilt. Das Fleisch wird an den zu durchtrennenden Stellen eingeschnitten, die Knochen werden dann mit einem Küchenbeil zerhackt, oder mit einer Knochensäge zersägt.
Letztere Variante ist die bessere, weil dabei der Knochen nicht splittern kann, obwohl bei so einem jungen Tier diese Gefahr kaum besteht.
Das Fleisch wird in heißer, aber noch nicht brauner Butter angebraten. Danach wird leicht gepfeffert und gesalzen mit ein wenig Mehl bestäubt und gehackte Schalotten dazugeben. Anschließend wird mit $1/4$ l trockenen Weißweins gelöscht. Dazu kommen 4 kleine, geschälte Tomaten und 6 geviertelte Möhrchen. Das Ganze soll dann ca. eine halbe bis dreiviertel Stunde bei starker Hitze schmoren.
Das Fleisch aus dem Schmortopf nehmen, heiß stellen und in der Zwischenzeit die Soße bereiten. Dazu das Gemüse passieren, den Fond mit einem Schuß Weißwein loskochen und mit kalter Butter und verschlagenem Eigelb abbinden, dabei sofort vom Herd nehmen, sonst stockt das Ei. Zum Schluß etwas gehackte Petersilie dazugeben.
Die in Butter gedünsteten, leicht gesalzenen Zuckerschoten werden als weitere Beilage gereicht. Dazu passen kleine, junge Kartoffeln.

Theo Stern, München:

LAMMKEULE IN KRÄUTER-ZIMTKRUSTE

Lammkeule waschen, trockenreiben und evtl. dünne Fettschicht leicht einritzen. Fleisch mit gemahlenem Zimt dick einreiben, abklopfen und in Gefäß zum Marinieren legen.
Marinade: verschiedene (frische) Kräuter, wie z.B. Thymian, Estragon, Rosmarin, Basilikum, Oregano, Salbei, Zwiebel, Schnittlauch, Petersilie, Sellerie (Knolle oder Stange mit Blatt) kleinhacken (möglichst sehr klein) und damit das eingeriebene Fleisch umgeben, eine oder zwei ganze Zwiebeln, je nach Größe der Zwiebel, waschen, aber in der letzten braunen Haut belassen, eine davon mit drei Nelken spicken.
1-3 Tomaten, mehrere Knoblauchzehen (in der Schale), 3-4 kleine rote getrocknete Chilischoten, Kümmel, ungemahlen, 1 Prise Cumin und Paprika, dazu in das Gefäß geben und mit nativem Olivenöl auffüllen, das Fleisch darin gekühlt möglichst einen Tag ziehen lassen.
Fleisch und Marinade in eine sehr große Bratterrine geben (evtl. überschüssiges Öl nach Absetzen der Kräuter ablöffeln, muß aber nicht sein), in Streifen geschnittene Karotten, Selleriescheiben zugeben. Das Ganze salzen (reichlich) und pfeffern und mit einer letzten Prise geriebener Muskatnuß in das auf 250° vorgeheizte Rohr geben.
Nach ca. 10-15 Min Temperatur drosseln auf ca. 150-170°, je nach Zeit, die man hat, mit dem Bratsud übergießen, dies hin und wieder wiederholen. Nach ca. ²/₃ Bratzeit noch so viele Tomaten wie Personen zugeben und mitbraten lassen. Ist der Braten so gut wie durch (»Stricknadeltest«) wird trockener Weißwein aufgegossen, mit dem Öl vermischt und über den Braten gegossen. Ist das Fleisch durch, allen Bratensaft abschöpfen, incl. dem Gemüse, außer den »Nachzüglertomaten« in eine »flotte Lotte« und in einen Topf zum Reduzieren gießen, durchdrehen, bzw. passieren, falls nach Laune ein Spitzsieb verwendet wird.
Nach dem Passieren, wird die Soße entfettet und ein wenig eingekocht. Sahne zugegeben und evtl. abschmecken. Kochen lassen, bis eine sämige Soße entsteht.
Fleisch und Tomaten stehen einstweilen im abgeschalteten Rohr zum Warmhalten, Soße ebenfalls bis zum Servieren weiterwärmen (nicht kochen).

Hannelore Fisgus, München:

LAMMROLLE MIT KRÄUTERFÜLLUNG

Zutaten für 10–12 Personen:

2 entbeinte Lammschultern von jeweils ca. 800 g (beim Metzger bestellen)
200 gehackte Schalotten
8 EL frische gehackte Kräuter (Salbei, Basilikum, Thymian, Oregano, Bohnenkraut)
2 EL gehackte Petersilie
4 EL gehackter Spinat
6 Knoblauchzehen
4 EL grüner Pfeffer
400 g Bauernbratwurstmasse
Salz, Pfeffer
Korianderpulver
4 EL Rahm
4 EL geklärte Butter
2 dl Weißwein
2 Karotten
ein Stück Sellerie
5 dl Kalbsjus oder klare Sauce

Zubereitung:

Die Fleischstücke jeweils auf ein Stück Alufolie legen, etwas plattdrücken, salzen und pfeffern. Die Hälfte der Kräuter, Gewürze, 4 Knoblauchzehen, Bratwurstmasse und Sahne mischen und auf die Fleischstücke verteilen, aufrollen und mit festem Küchenfaden zusammenbinden. Backofen auf 240° vorheizen.

Das Fleisch in der Butter anbraten, kleingeschnittene Karotten und Sellerie zugeben, leicht anziehen lassen und mit dem Weißwein ablöschen. Backofen auf 190° zurückdrehen. Restliche Knoblauchzehen durchpressen und zugeben, den Braten von Zeit zu Zeit begießen. Nach 30 Min das Fleisch gut würzen und mit Alufolie abgedeckt noch ca. 20 Min weiterbraten. (Nach diesen ersten dreißig Min kann man den Vorgang übrigens gut unterbrechen und so den Braten schon am Nachmittag vor dem Fest vorbereiten.) Nach diesen weiteren 20 Min den Ofen abschalten, das Fleisch in die Folie wickeln und im Ofen warm halten. Den Bratenfond etwas entfetten, Kalbsjus zugießen und den Bratensatz gut lösen. In eine kleine Pfanne sieben, die gemischten Kräuter zugeben, auf die Hälfte einkochen lassen, bei Bedarf nachwürzen und separat zum Fleisch servieren. Dazu knackige grüne Bohnen, in Knoblauchöl geschwenkt und mit frischem, feingehackten Bohnenkraut bestreut (evtl. mit Basilikum gemischt).

Monika Johannes-Vorbrugg, Bochum:

Lammspalier in Kräuterkruste

Zutaten für 4 Personen:

*1,2 kg Lammkotelettbraten
(2 ca. gleich große Lammkotelettstücke ohne Rückenwirbel,
mit Rippenknochen, je 600 g)
1 Knoblauchzehe
2 Schalotten
3 Scheiben Toastbrot
1 EL Mehl
2 Eiweiß
je 2 Stengel verschiedene frische Kräuter: glatte Petersilie, krause Petersilie, Salbei, Kerbel, Thymian
Öl und Butter zum Braten
1/4 l Lammfond
1 Glas Rotwein
Salz
Pfeffer aus der Mühle*

Zubereitung:

Knoblauch, Schalotten und Kräuter fein hacken, Toastbrot ohne Rinde im Mixer zerkleinern. Brotkrumen mit Schalotten, Knoblauch und den Kräutern mischen. Lammrücken salzen, pfeffern, mit Mehl bestäuben, erst in verschlagenem Eiweiß wenden, dann von allen Seiten in die Kräuterpanierung drücken.
Öl in der Pfanne stark erhitzen. Lammrücken von jeder Seite gut anbraten. Öl abgießen und Butter in die Pfanne geben. Die beiden Lammstücke zum Spalier in die Pfanne stellen. bei 200° im Backofen 10-15 Min auf der mittleren Einschubleiste braten lassen. Das Lammspalier herausnehmen und auf einer vorgewärmten Platte warmhalten. Den Bratfond mit Lammfond und Rotwein ablöschen und stark einkochen. Mit Salz und Pfeffer abschmecken und etwas kalte Butter einschwenken.
Lammspalier zwischen den Rippenknochen tranchieren und im Frühling mit neuen,

kleinen Kartoffeln und Frühlingsgemüsen, in der restlichen Jahreszeit mit einem Kartoffelgratin und grünen Bohnen servieren.
Dazu paßt sehr gut ein Brunello di Montalcino oder ein Rosso di Montalcino (für den kleineren Geldbeutel).

Christa Lemcke, Winsen/Luhe:

LAMMSTELZEN

Je nach Größe 6-8 Lammstelzen sorgfältig von Sehnen und Häuten befreien, in Butter/Öl leicht anbraten.
4 Tomaten, 1 Bund Frühlingszwiebeln, 2 Karotten, ½ Fenchelknolle grob zerkleinern, im Fett andünsten, mit wenig Pastis und ca. ½ Flasche trockenem Weißwein ablöschen. Lorbeerblatt (frisch) und frischer Thymian, Petersilie, etwas Zitronenschale, Pfeffer, Salz, alles auf kleiner Flamme garen (ca. 60 Min).
Das Fleisch in großen Stücken vom Knochen lösen und alle Sehnen und Häute entfernen. Soße durch ein Sieb geben und kräftig einkochen lassen. Mit Pfeffer, wenig Salz, Zitronensaft, Zucker und sehr feinen Kapern würzen. Die Soße mit einem Eigelb legieren (nun auf keinen Fall mehr kochen lassen!). Fleisch in die Soße geben und mit Petersilie (glatte) bestreuen und servieren. Sollte das Fleisch fett gewesen sein, die Soße vor dem Reduzieren entfetten!
Dazu feine grüne Bohnen servieren.

Peter Nießen, Augsburg:

LAMMCARRÉ MIT MEERRETTICH, IN DER FOLIE GEGART

Zutaten:

2 Lammcarrés
Thymian, Rosmarin
einige ungeschälte Knoblauchzehen
ca. 20 cm lange Meerrettichstange
Salz, Pfeffer
Keimöl
1-2 kg Lammknochen
1 Kalbsfuß, gespalten
500 g Röstgemüse (Sellerie, Lauch, Möhren)
500 g Zwiebeln mit Schale
1 Handvoll ungeschälte Knoblauchzehen
einige Zweige Thymian
1 Zweig Rosmarin
2 EL Tomatenmark
1 Fl. Beaujolais
Keimöl zum Anbraten
Wasser
50 g eiskalte Butter
Salz, schwarzer Pfeffer

Zubereitung:

Kleingehackte Knochen in einer Kasserolle unter ständigem Wenden bei Mittelhitze goldbraun rösten. Röstgemüse, die grob gewürfelten Zwiebeln mit der Schale und die Aromaten dazugeben. Weiterrösten und ständig bewegen. Mit Tomatenpürée ansäuern. Wein dazu und mit Wasser soweit auffüllen, bis alles bedeckt ist. Unbedeckt ca. 3 Stunden köcheln lassen, Schaum abschöpfen. Abseihen und kühlstellen. Anderntags Fettschicht abheben.
Carrés bis zum Fleischansatz einschneiden und sauber schaben. Salzen. Mit Aromaten und Knoblauchzehen scharf anbraten. Fettseiten mit dem frisch

geriebenen Meerrettich etwa ½ cm dick belegen und andrücken. Carrés fest in Alufolie wickeln und bei 150° ca. 25 Min im Ofen garen. Folie soweit öffnen, daß der sich gebildete Saft in einer Sauteuse aufgefangen werden kann. Für die Sauce kommt nun – je nach dem Saucenbedürfnis meiner Gäste – etwa ¼-½ l Lammfond dazu. Etwas einkochen lassen und mit der eiskalten Butter aufmixen. Mit Salz und schwarzem Pfeffer abschmecken.

Margit Schmieder-Tüchler, Memmingen:

LAMM-CURRY

Zutaten:

500 g Lammfleisch aus der Schulter
Salz
1 Becher Joghurt (150 g)
½ TL Ingwerpulver
2 EL Curry
40 g Butter
1 gr. Zwiebel
2 Knoblauchzehen
⅛ l heiße Fleischbrühe aus Würfeln
1 TL Zimt
1 TL Kardamom
1 TL gemahlener Kreuzkümmel
1 Prise geriebene Muskatnuß
½ Bund Petersilie
¼ TL Cayennepfeffer

Zubereitung:

Lammfleisch abspülen, abtrocknen, in 2 cm große Würfel schneiden. In eine Schüssel geben und salzen. Joghurt reingeben und mischen. Mit Ingwer und 1 EL Curry würzen. Zugedeckt 60 Min im Kühlschrank ziehen lassen. Butter in einem Topf erhitzen. Zwiebel schälen und würfeln. Knoblauchzehe schälen und mit Salz zerdrücken. Beides in die Butter geben und 5 Min anbraten. Fleisch mit der Marinade zugeben. 5 Min braten. Fleischbrühe zugießen und alles 30 Min schmoren lassen. Mit dem restlichen Curry, Zimt, Kardamom, Kümmel, Muskat und Cayennepfeffer scharf abschmecken. Nicht mehr kochen lassen. Den Deckel abnehmen und die Soße reduzieren. Petersilie abspülen, trockentupfen und in Sträußchen zupfen. Lamm-Curry damit garnieren.
(Anregung: »Das Beste aus asiatischer Küche«, Prisma-Verlag)

Fonds, Gemüse und Beilagen

*Andreas Allermann,
Reinbek-Ohe:*

Heller Hühnerfond

Zutaten für 1 l Fond:

*2 kg Hühnerkarkassen (zur
Hälfte vom Suppenhuhn, zur
Hälfte vom Perlhuhn)
3 l kaltes Wasser
0,3 l trockener Weißwein
3 Schalotten
250 g Suppengemüse (Lauch,
Möhren, Staudensellerie)
50 g Champignons
4 Petersilienstengel
3 Estragonzweiglein
1 Thymianzweiglein
1 Lorbeerblatt
2 Gewürznelken
5 weiße Pfefferkörner*

Zubereitung:

Die Karkassen kleinhacken und mit dem Wasser und Wein zum Kochen bringen. Schaum und andere Unreinheiten von der Oberfläche abschöpfen. Das geputzte und kleingeschnittene Gemüse sowie die Gewürze zufügen. Bei kleiner Hitze im offenen Topf ca. 2½ - 3 Stunden sanft köcheln lassen. Den Fond durch ein Sieb passieren und entfetten (mit einer Spezialkanne).
Der Fond kann nach Belieben weiter reduziert werden.

*Andreas Allermann,
Reinbek-Ohe:*

Rehfond

Zutaten für 1 l Fond:

*2 kg Rehknochen
3 EL Traubenkernöl
5 Schalotten
1 Knoblauchzehe
3 Möhren
3 Stengel Staudensellerie
1 Stange Lauch
5 Petersilienstengel
50 g Tomatenmark
0,5 l Rotwein (vorzugsweise
Cab. Sauv. aus Chile)
3 l Wasser
2 Lorbeerblätter
2 Gewürznelken
15 Wacholderbeeren
10 weiße Pfefferkörner
10 Pimentkörner
2 frische Thymianzweiglein
2 frische Rosmarinzweiglein*

Zubereitung:

Die Knochen kleinhacken und portionsweise in einer schweren Pfanne in dem Öl von allen Seiten kräftig anbraten. In einen offenen Bräter in den Backofen tun und weiter rösten lassen. Das geputzte und zerkleinerte Gemüse kurz anrösten und ebenfalls in den Bräter legen. Tomatenmark zufügen und weiterrösten lassen. Den Rotwein nach und nach angießen und einkochen lassen. Nach dem letzten Einkochen das kalte Wasser zugeben, aufkochen und abschäumen. Die Gewürze und Kräuter zufügen und alles bei milder Hitze ca. 4 Std köcheln lassen. Zwischendurch immer wieder Schaum und Unreinheiten entfernen.
Zum Schluß alles auf ein Sieb schütten, den aufgefangenen Fond durch ein Tuch passieren und evtl. entfetten.

Jürgen Bauch und Karin Tolle, Gehrden:

TOSKANISCHES FLADENBROT

Zutaten:

250 g Weizenmehl
25 g frische Hefe
Salz
Olivenöl
verschiedene getrocknete Kräuter (Oregano, Thymian, Majoran)

Zubereitung:

Die Hefe mit etwas lauwarmen Wasser verrühren. Soviel Mehl zugeben, bis ein Teiglein entsteht. 10 Minuten an einem warmen Ort gehen lassen. Das restliche Mehl, 1 TL Salz, ca. 100 ml lauwarmes Wasser und den Vorteig zu einem glatten Teig verkneten. 1 Stunde gehen lassen. Den Teig 1 cm dick ausrollen und einen Fladen formen. Auf ein mit Öl und Salz bestrichenes Backblech legen. Mit den Fingern in Abständen von etwa 6 cm Vertiefungen eindrücken. Wenig Öl darübergeben und mit Salz und den Kräutern bestreuen. Im heißen Ofen (280°) 20–30 Min. backen.

Anne-Katrin Weber, Berlin:

FRÜHLINGS-LAUCHGNOCCHI

Zutaten:

600 g Kartoffeln
100 g Mehl
2 Eigelb
30 g weiche Butter
2 Stangen Frühlingslauch
Salz, Muskat

Zubereitung:

Den Frühlingslauch in feine Scheiben schneiden und in Butter anschwenken. Die Kartoffeln in der Schale kochen, pellen. Noch heiß durch die Spätzlepresse drücken und mit den übrigen Zutaten vermischen. Arbeitsfläche mit Mehl bestäuben und aus der Masse Rollen formen. Diese in gleichmäßige Stücke schneiden und über die Zinken einer Gabel abrollen. In kochendes Salzwasser geben und ca. 6-8 Min garziehen lassen. Herausnehmen und abtropfen lassen.
Zum Anrichten brate ich die Gnocchi in Butterschmalz goldgelb.

Dr. Christiane Windhorst, Töging:

WIRSINGBÄLLCHEN

Zutaten:

1-2 Wirsingköpfe
150 g geräuchertes Wammerl
2 Schalotten
1 Glas Weißwein
1 Tasse Fond
Salz, Pfeffer
Muskat

Zubereitung:

Die äußeren Blätter wegwerfen. Pro Person 1-2 Blatt ablösen und blanchieren. Den dicken, inneren Stiel herausschneiden. Den restlichen Kopf in Juliennes schneiden, das Wammerl und die Schalotte in kleine Würfel. Diese in etwas Fett braten und den geschnittenen Wirsing dazugeben, mit etwas Wein ablöschen. Pfeffern und etwas Muskatnuß drüberreiben.
Die ganzen Blätter in eine große Schöpfkelle legen, mit dem gedünsteten Kohl füllen und so überschlagen, daß Halbkugeln entstehen. Diese vorsichtig mit der flachen Seite nach unten in einen gebutterten Topf legen,

mit Wein und Brühe angießen und langsam 15 Min dünsten. Mit Muskat überstäuben und gut abgetropft servieren.

Annegret Willke, Altenholz/Kiel:

GURKENSALAT MIT INGWER

Zutaten:

1 Gurke
¼ Tasse Weißweinessig
⅓ Tasse Zucker
ein 2,5 cm langes Stück frischen Ingwer
2 frische Chilischoten

Zubereitung:

Gurke der Länge nach in dicke Scheiben schneiden, Samen herauskratzen, dann in etwa 6 cm lange Streifen schneiden. Eine Marinade aus dem Weißweinessig, Zucker, feingehacktem Ingwer und feingehackten Chilischoten, ohne Kerne, bereiten, Gurkenstücke etwa 5 Std ziehen lassen.
Auf Salatblättern, garniert mit Apfelrose, anrichten.

Joachim Uhl, Eningen:

RATATOUILLE

Zutaten:

140 g Zucchini
140 g Auberginen
160 g Zwiebeln
70 g grüne Paprikaschoten
400 g Tomaten, gehäutet, entkernt
2 Knoblauchzehen, zerdrückt
1 Thymianzweig
½ Lorbeerblatt
5 cl Olivenöl

Zubereitung:

Zucchini, Auberginen, Zwiebeln, Paprikaschoten und Tomaten in kleine Würfel schneiden.
In einer breiten Pfanne mit dem Olivenöl zuerst die Zwiebeln, dann die Auberginen und Zucchini anbraten. Am Schluß Paprika und Tomaten und den zerdrückten Knoblauch zugeben und nur noch wenige Augenblicke in der Pfanne mitdünsten. Salzen, pfeffern und Thymian zugeben. Das Ganze darf keinen Saft abgeben.

Clemens Markus, Baldham:

KARTOFFELPÜREE MIT OLIVENÖL

Zutaten:

300 g geschälte Kartoffeln
Salz
⅛ l Crème double
⅛ Olivenöl extra vergine
Pfeffer
Cayennepfeffer

Zubereitung:

Die geschälten Kartoffeln in kochendem Salzwasser garen, danach zerstampfen und sofort in eine Kasserolle geben. Nun mit der Crème Double auf mittlerer Flamme erwärmen und so lange schlagen, bis die Crème Double aufgenommen wurden. Danach das Olivenöl zugeben und so lange weiterrühren, bis auch das Öl vollständig aufgenommen wurde. Zum Schluß noch mit Salz, Pfeffer und Cayennepfeffer abschmecken.

Matthias Makowsky, Marbach:

Safran-Pilz-Risotto

Zutaten:

25 g getrocknete Steinpilze
1 gewürfelte Zwiebel
1 EL Butter
250 g Risotto-Reis
1/8 l Weißwein
3/8 l heiße Hühnerbrühe
3 EL Schlagsahne
Salz

Zubereitung:

Die getrockneten Pilze in warmem Wasser einweichen. Die Pilze gut ausschwenken, herausnehmen und beiseite stellen. Das Einweichwasser durch ein Papierfilter gießen und wieder auffangen. Zwiebel in der Butter glasig dünsten. Reis und die gut ausgedrückten Pilze dazugeben. Weißwein, Hühnerbrühe und Pilzwasser in dieser Reihenfolge in kleinen Portionen unter Rühren zugießen. Mit dem Weißwein das Safranpulver hineinstreuen. Dabei ständig rühren, bis der Reis die Flüssigkeit vollständig aufgesogen hat, dann erst die nächste Portion Flüssigkeit angießen usw. Zum Schluß die Sahne unterrühren und noch einmal mit Salz abschmecken.

Ingo Knuth, I-Milano:

Weisse Bohnen

Zutaten:

Weiße Bohnen (kl. »Toscanelli«), getrocknet
2 zerdrückte Knoblauchzehen
1 Zweig Rosmarin
10 frische Minzblätter
1-2 l Wasser
2 EL Olivenöl extra vergine
Salz und Pfeffer, frisch gemahlen

Zubereitung:

Die nicht eingeweichten Bohnen in einen Topf zusammen mit dem frischen Knoblauch und einem Zweig Rosmarin und Wasser zum Kochen bringen. Sofort die 2 EL Olivenöl drübergießen und das Ganze in ein Wasserbad in den Ofen schieben und bei schwacher Wärme ziehen lassen. Das Ganze darf nicht kochen, sonst stoßen die Bohnen gegeneinander und gehen kaputt. Nach 2 Std etwa entsteht ein wunderbarer Duft und nach 3-4 Stunden sind sie fertig. Sie müssen wie Perlen aussehen, die Größe haben sie ja, und noch etwas fest sein; wenn sie zu weich sind, werden sie matschig.
Vor dem Anrichten am Tag darauf den Rosmarinzweig und Knoblauch entfernen und mit ganz fein gehackten Minzblättern und Pfeffer überstreuen, mit Salz gut abschmecken und wenig Olivenöl, wieder von der besten Sorte, vorsichtig vermischen. Zu Lamm warm servieren.

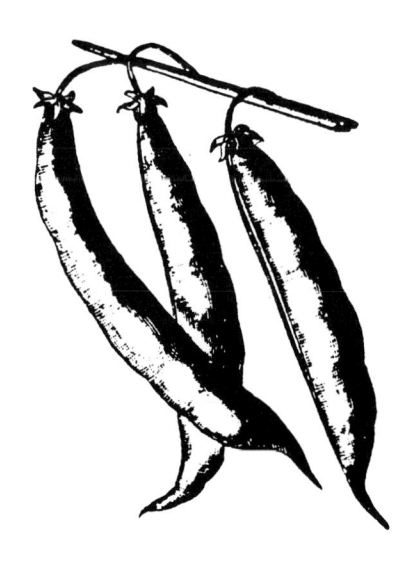

*Montserrat Heinze,
CH-Bernex/Genève:*

AUBERGINENSOUFFLÉ

Zutaten:

*2 gr. Auberginen
2 Eier
4 EL Doppelrahm
Frische Korianderblätter
Salz, Pfeffer*

Zubereitung:

Auberginen (ganz mit Haut) im Backofen bei Maximalhitze garen und mehrmals wenden bis sie weich sind. Herausnehmen und kalt werden lassen. Die Haut abziehen und das Fleisch in einem Sieb gut ausdrücken. In der Küchenmaschine zusammen mit den Eiern, dem Doppelrahm und den Gewürzen pürieren.
In 4 kleine Förmchen verteilen und im Wasserbad bei 225° ungefähr 40 Min backen.

*Richard Fluehmann,
CH-Ascona:*

SENNERÖSTI À LA MINUTE

Zutaten für 2 Personen:

*600 g Kartoffeln
1 Zwiebel
2 EL Butter
100 g Emmentaler
Salz, Pfeffer*

Zubereitung:

Wir schälen die Kartoffeln und raspeln sie mit der Röstiraspel. Danach hacken wir die Zwiebel ganz fein, mischen sie unter die Kartoffel und würzen diese. Den Emmentaler schneiden wir in feine Streifen.
Wir wärmen den Ofen vor.
In einer Bratpfanne lassen wir einen EL Butter zergehen. Dann verteilen wir darin die Kartoffelmasse und drücken sie mit der Bratenschaufel flach. Wir braten sie zugedeckt sieben Min lang auf jeder Seite.
Um die Rösti beim Wenden an einem Stück zu belassen, legen wir einen Pfannendeckel auf die Rösti, dann drehen wir das Ganz um, damit die Rösti auf dem Deckel liegt, schließlich lassen wir die Rösti vorsichtig in die Pfanne zurückgleiten. Danach verteilen wir den Emmentaler auf die Rösti und stellen sie 5 Minuten in den Ofen, bis der Käse geschmolzen ist.

*Barbara Evers,
Eppelheim/Heidelberg:*

GEBRATENE
STEINPILZTRANCHEN

Zutaten:

*4 Steinpilze
Butter
Petersilie, glatte
Salz*

Zubereitung:

Nur wirklich frische, am besten selbst gesuchte Pilze verwenden.
Die Pilze werden gründlich von allen Bodenresten befreit und sorgfältig mit Küchenkrepp gereinigt. Pro Person verwende ich einen Pilz. Er wird der Länge nach in gleich dicke Scheiben geschnitten. Butter erhitze ich in der Pfanne und

lege sehr schnell die Scheiben nebeneinander. Wenn die Pilzscheiben eine goldgelbe Farbe angenommen haben, wende ich sie und salze sie zart. Zum Schluß gebe ich zur geschmacklichen Abrundung als alleinige Zugabe glatte Petersilie dazu. Die Pilztranchen lege ich dekorativ auf gut vorgewärmte große Teller. Da sie keinesfalls auskühlen dürfen, serviere ich sofort.

Margrit Brehm und Ezio Bertolo, Karlsruhe:

SCHALOTTEN BAGNA CAUDA

Pro Person drei Schalotten schälen, ein Ende flach ab- und in das andere eine Vertiefung einschneiden. In wenig Wasser mit etwas Salz und Zucker kurz kochen. Am besten zuvor mit einer Stricknadel ein Loch in die Mitte bohren, damit die inneren und äußeren Teile gleichzeitig gar, aber nicht weich sind. Abtropfen und auf flachen Tellern anrichten. Für die Bagna Cauda – eine piemontesische Sauce – erhitzt man ein nußgroßes Stück Butter in einer schweren Pfanne und brät darin 2-3 in Scheibchen geschnittene Knoblauchzehen, sowie 1 Sardellenfilet an. Anschließend 200 ml süße Sahne angießen und das ganze unter gelegentlichem Rühren 15 Min einkochen lassen. Am besten heiß in und über die Schalotten gießen und dann leicht abkühlen lassen. Am besten schmeckt das Gericht lauwarm, auf gar keinen Fall darf es in den Kühlschrank.

Ursula Langmann, F-Fontenay-Sous-Bois:

PAPRIKA-FLAN

Zutaten:

*4 rote Paprikaschoten
2 Eier
50 g Crème fraîche
Salz, Pfeffer*

Zubereitung:

Die geviertelten und entkernten Paprikaschoten unter dem sehr heißen Grill rösten, bis die Haut Blasen schlägt und in einem Topf mit kaltem Wasser abschrecken. Auf Küchenpapier abtropfen lassen und danach die Haut abziehen. Das Fruchtfleisch im Mixer pürieren, mit den Eiern, Crème fraîche, Salz und Pfeffer vermischen und in kleine gebutterte Förmchen füllen.
In einem »Bain Marie« im Backofen garen. Dazu die Förmchen in eine ofenfeste Fettpfanne oder Kuchenform stellen, kochendes Wasser drumherumgießen und 30 Min lang bei 175° im Backofen garen.

DESSERTS

Edith Fischer, Gundelfingen:

HERRENTORTE

Zutaten:

Teig:

100 g Bitterschokolade
10 Eier
100 g Zucker

Füllung:

500 g Himbeeren
Kirschwasser
Vanillemark
1 Becher Sahne

Zubereitung:

Schokolade im Wasserbad schmelzen. Eigelb mit Zucker schaumig rühren. Schokolade mit Eimasse mischen. Eischnee unterheben. Bei 150° Umluft (nicht heißer) ca. 30 Min backen.
Den ausgekühlten, auf einer Tortenplatte plazierten Boden mit Kirschwasser tränken, zudecken. – Das erledige ich zwei Tage vorher.

Füllung:

ca. 500 g Himbeeren, am besten gemischt mit roten Johannisbeeren (was ich halt noch im Tiefkühlschrank habe; aber eine gekaufte Beerenmischung geht auch) mit der Hälfte Zucker kochen, nicht zu arg einkochen lassen. Nach dem Abkühlen nicht zu zaghaft Kirschwasser zugeben.

Anrichten:

1 Becher Rahm mit Vanillegranulat schlagen. Den Tortenboden bis zum Rand mit der Beerenmasse füllen, geschlagene Sahne vorsichtig überziehen. Ich bringe die Torte als Ganzes auf den Tisch, auch weil sich noch nie jemand mit nur einem Stück zufrieden gegeben hat.

Sabine Hartert-Mojdehi, Köln:

CASTAGNACCIO

Zutaten:

200 g Kastanienmehl
ca. 1/2 l Milch
1-2 EL Zucker
1 Prise Salz
2-3 EL Olivenöl
2 EL Pinienkerne
1 Zweig Rosmarin
Butter und Semmelbrösel für die Form

Zubereitung:

Den Rosmarin fein hacken. Das Mehl mit 1-2 EL Öl, dem Salz und dem Zucker mischen. Langsam, bei ständigem Rühren die Milch dazugeben. Es dürfen keine Klümpchen entstehen. Der Teig soll dickflüssig und cremig sein. Eine Springform (18 cm) buttern, mit Bröseln auslegen, dann den Teig einfüllen. Gehackten Rosmarin, die Pinienkerne und das restliche Öl darübergeben. Im vorgeheizten Ofen bei 180-200° ca. 1 Std backen. In der Form auskühlen lassen, dann auf eine Tortenplatte geben.

Christa Korde, Berlin:

HOLUNDERBEERENSAUCE MIT GRIESSKLÖSSCHEN

Zutaten für 4 Personen:

200 g Holunderbeeren
50 g Zucker
1 Msp. Zimt
1 Nelke
10 ml Weißwein
einen Schuß Orangenlikör
einige Spritzer Zitrone

für die Grießklößchen:

200 ml Milch
30 g Butter
60 g Maisgrieß
60 g Zucker
1 Ei
Salz
Vanillemark

Zubereitung:

Die Holunderbeeren mit dem Zucker, Nelke und Zimt im Wein weichgaren, Nelke entfernen. Die gekochten Früchte pürieren und durch ein Sieb passieren. Die abgekühlte Sauce mit dem Orangenlikör und der Zitrone abschmecken und bis zum Servieren kaltstellen.

Die Milch mit einer Prise Salz, dem Vanillemark, der Butter und dem Zucker erhitzen. Den Grieß in die heiße Milch einrieseln lassen und rühren, bis sich die Masse vom Topfboden löst. Eigelb und zu Schnee geschlagenes Eiweiß unter die Grießmasse heben.
Klößchen ausstechen und auf der Sauce servieren.

Christa Lemcke, Winsen/Luhe:

TRÄUBLESKUCHEN

Aus 200 g Mehl, 100 g Butter, 50 g Zucker und 1 Eigelb Mürbeteig herstellen und eine Tarteform damit auskleiden. 15 Min bei 180° backen, abkühlen lassen.
40 g Mandelblätter in etwas Butter rösten, mit 1 TL Zucker karamelisieren, auf dem gebackenen Tortenboden verteilen.
3 Eiweiß sehr steif schlagen, 150 g Zucker unterschlagen, 500 g rote Johannisbeeren daruntermischen und auf den Tortenboden geben. 20-25 Min bei 150° goldgelb backen, abgekühlt servieren.

Horst Mauder, Tübingen:

MALAKOFF-TORTE MIT MOKKA

Zutaten für ca. 10 Personen:

500 g Löffelbiscuit
ca. 02, l Rum
ca. 0,2 l Milch
125 g Butter
125 g geriebene Mandeln
1 P. Vanillepudding
1/4 l Milch
ein Glas schwarzer Johannisbeergelee
1/4 l Sahne
1 kl. Glas Schattenmorellen
1 P. Vanillezucker
Kaffee
Zucker, Zimt
gemahlener Ingwer
Kardamom

Zubereitung:

Vanillepudding kochen, mit Butter und Mandeln zur Crème vermischen.
Springform mit Alufolie auslegen, Löffelbiscuits in eine Mischung aus halb Milch, halb Rum tauchen (mit der weichen Seite, nicht zuviel und nicht zu wenig), mit der Zuckerseite nach unten in die Form schich-

ten, den Rand mit halbierten Biscuits auslegen, eine Schicht Crème darauf, wieder eine Schicht getränkte Löffelbiscuits, Crème, die letzte Schicht Biscuits mit der Zuckerseite dann nach oben. Mit einem Holzbrett oder Topf mit glattem Boden passender Größe beschweren und über Nacht kühl stellen. Am nächsten Tag auf eine Tortenplatte stürzen, mit dem Johannisbeergelee bestreichen, Sahne sehr steif schlagen (Vanillezucker dazugeben), die Torte oben und an den Seiten dünn mit Schlagsahne bedecken, reichlich mit abgetropften Schattenmorellen garnieren. Pro Täßchen Mokka ein gut gehäufter TL Kaffeepulver plus 2 TL extra, je ein gestrichener TL Zucker, je eine Prise Zimt, Ingwer und Kardamom, ein Täßchen kaltes Wasser plus zwei Täßchen extra, kalt aufsetzen und aufkochen. Vom Feuer nehmen, Schaum unterrühren und wieder aufkochen. Fortsetzen, bis der Mokka klar kocht, etwa nach dem dritten oder vierten Aufkochen. Vorsichtig in ein Kännchen abgießen, einen TL kaltes Wasser vorsichtig darübergeben (nimmt Schwebeteilchen nach unten) und servieren.

Peter Nießen, Augsburg:

BIRNENSTRUDEL

Zutaten:

für den Teig:

300 g Mehl
1/8 l Wasser
1 EL Keimöl
1/2 TL Salz

für die Füllung:

10 reife Williamsbirnen
1 Zitrone
1/4 l Sauerrahm mit 1 EL Mehl verquirlt
1 Handvoll Rosinen in kräftigem Schwarztee mit Birnengeist (Williamine) aromatisiert
Zucker zum Bestreuen
Butter zum Bepinseln

für die Royal:

2 Eier
1/4 l Milch
1 EL Vanillezucker

Zubereitung:

Teigzutaten gut durchkneten, in Folie gewickelt 1/2 Std ruhen lassen.
Birnen schälen, entkernen, halbieren und in ca. 4 mm starke Speitel hobeln. Mit Zitronensaft marinieren. Teig in 2 Teile teilen. Die 1. Hälfte über einem Tuch dünn ausziehen und mit Butter bepinseln. Die Hälfte der Birnen und Rosinen darauf verteilen, wenig Zucker drüberstreuen und Sauerrahmkleckse darauf verteilen (das werden »Rammeln«). Mit dem Tuch aufrollen und in eine ausgebutterte Reine rollen lassen, deren Rand höher ist als der Strudel. Mit der 2. Teighälfte und der Restfüllung ebenso verfahren. Mit Butter bepinseln. Das Rohr auf 180° hochschalten und dann rein damit. Nach 15 Min auf 150° reduzieren, die verquirlte Royal darübergießen und in einer knappen Stunde fertigbacken.

Rosemarie Schwarz, Mannheim:

WALNUSS-APFELKUCHEN

Zutaten:

für den Teig:

200 g Mehl
120 g kalte Butter in Stücken
1 Prise Salz
3 TL Zucker
3 EL kaltes Wasser

für den Belag:

2 gr. Boskop-Äpfel (ca. 400 g)
3 EL braunen Zucker
abgeriebene Schale von einer Zitrone
100 g Walnüsse, grob gehackt
Butterflocken

Zubereitung:

Butter, Mehl, Salz und Zucker in eine Schüssel geben. Mit einer Gabel Butter mit dem Mehl so verreiben, daß eine feinkrümelige, etwas gelb schimmernde Masse entsteht. Wasser zufügen und rasch zu einem glatten Teig verarbeiten. In Folie eingeschlagen im Kühlschrank ruhen lassen (ca. ½ Std).

Eine 30er Pie-Form leicht einfetten. Teig dünn ausrollen und Backform damit auslegen, Ränder gut andrücken.
Die Äpfel schälen, vierteln, Kerngehäuse entfernen und in feine Spalten schneiden. Den Tortenboden damit kranzförmig auslegen. Die Walnüsse, die Zitronenschale und den Zucker gleichmäßig darüber verteilen und mit Butterflocken besetzen. Bei 190° auf der mittleren Einschubleiste 30-40 Min backen bis die Oberfläche schön gebräunt ist. Lauwarm servieren (evtl. mit kalter, halbfest geschlagener Sahne).

Maximilian Weinzierl, Regensburg:

G'SCHNITTN-BRATNE NUDELN MIT KERSCH, ZIMT UND ZUCKER

Sehr breite Eier-Bandnudeln in einer Reine mit etwas zerlassener Butter vermischen und in den Backofen schieben (220°). Wenn die Spitzen beginnen leicht braun zu werden, mit Vollmilch, Zucker, dem ausgestreifte Innere einer ganzen Vanilleschote zugesetzt wurde, aufgießen: gerade soviel, daß der Boden der Reine bedeckt ist. Immer dann, wenn die Milch von den Nudeln vollständig aufgesogen worden ist, wird Milch nachgegossen, solange bis die Nudeln weich sind. Dabei häufig wenden und vermischen. Beim letztmaligen Aufgießen wird zur Milch ein Ei gegeben und verquirlt. Diese Masse nun unter die Nudeln heben und die Hitze auf 250° steigern. Wenn die Oberfläche knusprig zu werden beginnt, ist der Nachtisch fertig. Die Nudeln werden mit Zucker und Zimt bestreut und warm serviert. Dazu eingelegte Schattenmorellen.

Dr. Michael Zirwes, Wiehl-Linden:

OFENSCHLUPFER MIT APFELKARAMEL UND VANILLESAUCE

Zutaten:

4-5 altbackene Hefeteilchen (Hefezopf o.ä.)
100 g gehobelte Mandeln
50 g Rosinen
1½ l Milch
12 Eigelb
6 ganze Eier
2 Vanilleschoten
300 g Zucker

Zubereitung:

Milch mit den geschlitzten Vanilleschoten erhitzen, Vanilleschoten ruhig 20 Min in der heißen Milch ziehen lassen. Eigelbe und ganze Eier mit dem Zucker leicht verquirlen (nicht schaumig schlagen), Vanilleschoten aus der Milch nehmen, Milch zu der Eimasse geben. Hefegebäck in Würfel schneiden, in eine Kastenform abwechselnd mit den Mandeln und Rosinen schichten. Mit Vanille-Ei-Mischung begießen, daß es leicht bedeckt ist. Kastenform im heißen Wasserbad bei 200° ca. 1 Std im Backofen backen. (Evtl. Alufolie auflegen.)
Restliche Ei-Milch-Masse zurück in den Topf, vorsichtig wieder erhitzen (evtl. im Wasserbad) und zur Rose abziehen.
Apfelkaramel: 50 g Butter und 120 g Zucker in einer Pfanne zerlaufen lassen, 500 g säuerliche Äpfel (Boskop, Cox Orange) schälen, achteln, in die Pfanne geben und kräftig ca. 15 Min kochen, bis die Äpfel mürbe sind und ein hellbrauner Karamel entstanden ist.
1 Scheibe vom warmen Ofenschlupfer abschneiden, auf den Teller geben, Apfelkaramel dazu und mit Vanillesauce umgießen.

Franz-Josef Howe, Greven:

ERDBEEREN MIT STIPPMILCH

Zutaten:

250 g Schichtkäse
4 EL Honig
2 Scheiben Pumpernickel (Schwarzbrot)
450 g frische Erdbeeren (möglichst Walderdbeeren)
Vanilleschote
etwas Zimt
1 Prise Zucker
1 Prise Salz

Zubereitung:

Schichtkäse mit Honig gut glattrühren. Vanilleschote und 1 Prise Salz hinzufügen. Pumpernickel in der Hand fein zerbröseln und die Brösel mit etwas Zimt und Zucker mischen. Erdbeeren säubern, einige zur Dekoration zurücklegen, und pürrieren. Erdbeerpürree auf 4 Teller verteilen, Schichtkäse mit einem EL portionsweise dazugeben und Brösel drüberstreuen. Mit ganzen Erdbeeren und Minze- oder Melisseblättchen dekorieren.

Anmerkung:

»Stippmilch« heißt die Schichtkäsezubereitung deshalb, weil in früheren Zeiten aus einer großen Schüssel in der Tischmitte, mit Pumpernickelscheiben »herausgestippt« wurde. Eine Variante: Sauerkirschkompott, Sahne, Stippmilch und Brösel schichtweise in eine Schüssel füllen.

Günther Renger, Kempten:

Granatapfelgelee mit Vanillesauce

8 Granatäpfel ausbrechen und auch die Zwischenhäute rauspulen. Das mache ich in einem hohen Topf, weil das Zeug unheimlich in der Gegend rumspritzt. Da das Fruchtfleisch an den vielen kleinen Kernen sitzt, müssen wir es voneinander lösen. In einen Topf geben, 1/2 l Wasser dazu und aufkochen. Ca. 1/2 Std leicht ziehen lassen. Wenn es etwas abgekühlt ist, in 2-3 Partien in den Mixer geben und durchmixen. So löst sich das Fruchtfleisch. Durch ein Passiertuch ablaufen lassen, auf gar keinen Fall durchdrücken, sonst wird die Flüssigkeit trübe. Mit Wasser auf einen Liter auffüllen und Zucker nach Geschmack zugeben. Aufkochen und 6 Blatt in kaltem Wasser eingeweichte und gut ausgedrückte Gelatine einrühren. Abkühlen lassen und in den Kühlschrank stellen. Das muß schon einen Tag vorher gemacht werden, damit das Gelee gut durchkühlt. Es ist so zart und locker, daß es beim Anrichten leicht auseinander fällt.

Vanillesauce: 1/4 l Milch in einen mit kaltem Wasser ausgespülten Topf geben, so besteht nicht die Gefahr, daß die Milch ansetzt. Eine Bourbon-Vanilleschote auskratzen. Das Mark und die Schote in die Milch geben, aufkochen und 15 Min ziehen lassen. Zucker nach Geschmack. Die Schote herausnehmen. 4 Eigelbe leicht mit etwas Milch verquirlen und anschließend einrühren. Jetzt heißt es aufpassen! Zur Rose abziehen und auskühlen lassen. Immer wieder umrühren, damit sich keine Haut bildet. Das Gelee in einer Schale anrichten und mit der Vanillesauce umkränzen.

Margit Schmieder-Tüchler, Memmingen:

Halwa Gadschar
(Möhren-Dessert)

Zutaten:

600 g Möhren
3/4 l Milch
1 Msp. Safran
60 g Butter
1 TL Kardamom
40 g Zucker
2 EL Rosinen
2 EL Honig
1 Stück Zimt
2 EL gehackte Mandeln

Zubereitung:

Möhren putzen, waschen, pürieren. In eine Schüssel geben. Soviel Milch hinzugießen, daß das Püree gerade bedeckt ist. Restliche Milch in einem hohen Topf erhitzen. Möhrenpüree reingeben und 90 Min kochen. Ab und zu rühren. Safran, 40 g Butter, Kardamom, Zucker, Rosinen, Honig, Zimt zugeben. 15 Min bei mittlerer Hitze zu einem Brei kochen. Die restliche Butter zugeben. Noch 15 Min kochen. Die Halwa ist fertig, wenn sie orange geworden ist. Zimtstange rausnehmen. Halwa in eine Schüssel geben, mit Mandeln bestreuen. Schmeckt heiß und kalt.

Die Anregung entnahm ich dem Buch »Das Beste aus asiatischer Küche« (Prisma-Verlag).

Markus Tillier, Karlsruhe:

GEBRATENE BANANEN

Zutaten:

4 gr. Bananen
Zucker
Rum
Butter

Zubereitung:

Die Bananen schälen, der Länge nach halbieren. Zucker auf einem größeren Teller ausbreiten, die Bananenhälften mit dem Zucker panieren. Butter in einer Pfanne erhitzen, darin die Bananen anbraten, bis der Zucker karamelisiert. Von der Flamme nehmen und mit Rum übergießen. Flambieren. Sofort servieren.

Robert Richter, Linden:

APFEL-SOUFFLÉ MIT HIMBEERPÜREE

Zutaten:

75 ml Milch
1 Apfel
30 g Mehl
3 Eigelb
2 EL Apfelkorn
abgeriebene Schale einer ungespritzten Zitrone
3 Eiweiß
60 g Zucker
Puderzucker zum Bestäuben
etwas Butter
350 g Himbeeren
100 g Zucker
50 cl süße Sahne

Zubereitung:

Weiche Butter und Mehl vermengen. Milch zum Kochen bringen, Mehl/Butter in die Milch einrühren und nochmals kurz aufkochen lassen.
3 Eigelb nacheinander einrühren, Apfelkorn und geschälten, vom Kerngehäuse befreiten, kleingeriebenen Apfel (mit dem Saft) nebst der abgeriebenen Zitronenschale dazugeben. Eiweiß unter Hinzugabe des Zuckers steif schlagen. 1/3 des Eischnees mit der Masse vermischen. Danach den Rest des Eischnees vorsichtig unterheben.
Eine Soufflé-Form leicht ausbuttern und mit Mehl bestäuben. Die Masse einfüllen und bei 180° ca. 30 Min im vorgeheizten Backofen backen. (Backofentür nicht öffnen!) Himbeeren roh pürieren und danach durch ein Sieb streichen. Himbeermasse mit süßer Sahne verrühren und den Zucker zugeben.
Soufflé mit Puderzucker bestäuben und sofort servieren. Himbeerpüree angießen.

Hilde Hoffmann, Merzhausen:

HAUSGEMACHTE PRALINEN

Zutaten für weiße Pralinen:

1 EL Butter
200 g weiße Schokolade
1 EL Cointreau
1 TL Orangenzucker
100 g Orangeat
100 g Mandelsplitter

Zubereitung:

Butter, Schokolade, Cointreau, Orangenzucker im Wasserbad schmelzen. Orangeat und Mandelsplitter nochmal fein hacken, dazutun, kleine Kugeln formen, in Pralinenförmchen kühlstellen.

Zutaten für dunkle Pralinen:

30 g Rosinen
90 g Orangeat
160 g blättrige Mandeln
170 g Zucker
1 Prise Salz
199 g Mehl
1/8 l Milch
1/8 l süße Sahne
2 EL Butter
250 g Marzipanrohmasse
150 g Puderzucker
2 EL Kirschwasser
Schokoladenglasur

Zubereitung:

Rosinen, Orangeat, Mandeln nochmal feiner hacken, mit Zucker, Salz und Mehl mischen. Milch, Sahne und Butter unter Rühren aufkochen, nicht anbrennen lassen. Mischung hineingeben, noch etwas kochen. Zur Seite stellen. Marzipanrohmasse mit Puderzucker und Kirschwasser verkneten, auf mit Puderzucker bestäubter Fläche ausrollen. Darauf die lauwarme Masse streichen. Die Teigplatt 1x umklappen, daß oben und unten Marzipan ist. In kleine Vierecke auf Pralinengröße schneiden, auf Gitter setzen und mit Schokoladenglasur übergießen, hartwerden lassen, in Pralinenförmchen setzen, kühlstellen.

Jürg Knobel, CH-Geroldswil:

KARAMEL-KÖPFCHEN

Am Vortag oder am Mahlzeittag selbst, auf alle Fälle vor der großen Kocherei, widmen wir uns dem Nachtisch, den Karamel-Köpfchen.
Wir benötigen ein Bain Marie, ein Wasserbad, das garantiert, daß die Eierspeise nicht über 100° erfährt. Also nehmen Sie eine rechteckige Form (ca. 30 x 50 cm; Aluminium oder Glas oder Blech), in der 6 Puddingschälchen (Glas/Keramik) bequem Platz haben. Falls noch Platz übrig bleibt, gesellen Sie ein weiteres, anderes Schälchen hinzu. Prüfen Sie, ob dies im Ofen Platz hat. Heizen Sie den Ofen oben und unten vor (150°), etwa 15 Min. Stellen Sie alle Schälchen ins Blech (oder Glas oder...) Gießen Sie heißes Wasser in die Form, bis 1 cm unterhalb des Randes der Förmchen. Es darf kein Tropfen in ein Förmchen geraten. Wärmen Sie 5 dl Vollmilch, geben Sie 3 EL Fruchtzucker und das Mark eines Vanille-Stengels hinzu. Eine Prise Salz ebenso.
Inzwischen schlagen Sie in ein Teigbecken 6 frische Eier.
In einem Stahltopf karamelisieren wir nun den Zucker. Geben Sie 1 EL Wasser in den Topf, dann 200 g Zucker. Die nun folgende Arbeit erfordert vollste Konzentration. Stellen Sie auf volle Hitze. Rühren Sie selten, aber doch hie und da mit der Kelle, die Sie immer wieder sofort weglegen.
Inzwischen ist die Milch heiß genug; stellen Sie sie zur Seite. Ihre Aufmerksamkeit gilt nunmehr der Karamelisierung des Zuckers. Nach etwa 15 Min wird der Zucker flüssig und erhält eine Cognac-Farbe; einzelne weiße Inselchen zergehen minutenschnell. Er darf nicht dunkel oder gar schwarz werden.

Gießen Sie nun den karamelisierten Zucker (6 mm tief) in die Schälchen. Warten Sie ab. Geben Sie nun die warme Vanille-Milch zu den Eiern im Teigbecken; quirlen Sie die Masse kurz. Gießen Sie die Milch-Ei-Masse erst in die Schälchen, wenn die Zuckermasse auf 100° abgekühlt ist. Verwenden Sie dazu einen Suppenschöpfer.
Geben Sie die ganze Form in den Ofen, bei 150°, oben und unten. Nach 60 Min können Sie die Form herausnehmen. Heben Sie die Schälchen aus dem heißen Wasser und lassen Sie sie 2 Std abkühlen. Spannen Sie Haushaltfolie über jedes Schälchen erst, wenn sie handwarm sind. Geben Sie die Schälchen in den Kühlschrank.
Anmerkung:
Tauchen Sie Ihre Finger vor jedem Herausheben in kaltes Wasser, so verbrühen Sie sie nicht.

Dr. Woelfgang Koelfen, Edingen:

Mousse au Chocolat mit Orangensauce

Zutaten:

300 g halbbittere Kuvertüre
2 Eier
2 Eigelb
2 EL Kaffee
geschlagene Sahne
100 g Nougat
geschlagene Sahne
6 Orangen
Zucker
Puderzucker
Cointreau

Zubereitung:

150 g Kuvertüre im Wasserbad auflösen. 1 Ei und 1 Eigelb mit 2 EL Kaffee im Wasserbad aufschlagen, unter die Kuvertüre rühren und die geschlagene Sahne unterheben.
150 g Kuvertüre und 100 g Nougat hacken, im Wasserbad auflösen. 1 Ei und 1 Eigelb dicklich schlagen, unter die Kuvertüre-Nougat-Mischung rühren und die geschlagene Sahne unterheben.
Einen Teil der ersten Mousse in eine Schüssel füllen, darüber einen Teil der zweiten Mousse, kaltstellen. Dann die restliche Mousse einzeln darüber geben. Über Nacht kaltstellen.
Orangensauce: Von 2 Orangen die Schalen spanartig abschälen, mit kochendem Wasser überbrühen, herausnehmen, mit Zucker bestäuben.
4 Orangen auspressen, aufkochen lassen, mit geschmolzenem Puderzucker dicklich einkochen lassen. Mit Cointreau abschmecken.
Zum Servieren Orangenspäne über Mousse und Sauce geben.

Doris und Jürgen Thürsam, Stuttgart:

Buchweizen-Soufflé mit Mandel-Krokant-Sauce

Zutaten:

2 kl. Eier
50 g Rohrzucker
3 EL Crème fraîche
40 g geschälte Mandeln
50 g Buchweizen
2 cl Amaretto
Butter
100 g Zucker

60 g Mandelblätter
2 EL Zucker
150 ml Sahne
1 EL zucker
2 Eigelb
2 cl Amaretto

Zubereitung:

Eigelb und Zucker schaumig rühren, Crème fraîche und Amaretto dazugeben. Buchweizen leicht anrösten, mit den Mandeln mahlen und unter die Masse rühren. Eiweiß steif schlagen und unterheben. Die Masse in gebutterte Förmchen füllen (Achtung, geht auf) und im Wasserbad im Backofen ca. 30 Min garen. Rand lösen, auf Teller stürzen, mit der Sauce umgießen.
Aus dem Zucker einen hellen Karamel bereiten, die Mandelblätter zugeben, nach kurzer Zeit auf eine geölte Marmorplatte gießen, abkühlen lassen, hacken.
Zucker karamelisieren, Sahne zugeben, bis sich der Zucker gelöst hat. Eigelb und Zucker schaumig rühren, mit der Karamelsahne zur Rose abziehen. Mit dem Amaretto parfümieren. Abkühlen lassen. Vor dem Anrichten Mandel-Krokant zugeben.

Dr. Adnan Elçi, Düsseldorf:

Parfait in Bananenschale

Zutaten:

4 mittelgroße, gelbe Bananen (mit fester, aber reifer Schale)
200 ml Schlagsahne
25 g Zucker
2 Eigelb
3-4 EL Bananenlikör

Zubereitung:

Zucker und Eigelb mit dem Mixer schaumig schlagen, dazu den Bananenlikör geben, erneut mixen.
Die Sahne schlagen, im Kühlschrank bereitstellen. Jede Banane so hinlegen, daß sie eine stabile, waagerechte Lage hat. An der oberen Fläche entlang von der Bananenspitze beginnend einen ca. 2-2,5 cm breiten Streifen quer aufschneiden, aber die Schale nicht durchschneiden, der Streifen bleibt 1-2 cm vor dem anderen Bananenende noch dran und wird später als Deckel genutzt.
Die Bananenfrucht vorsichtig aus der Schale herauslösen.
Zwei der Bananenfrüchte werden mit einem Schneidemixer fein püriert (die beiden anderen kann man anderweitig verwenden, z.B. Rumtopf). Dann Eigelb-Zucker-Likör-Gemisch mit der geschlagenen Sahne unterheben.
Dieses Gemisch in die Bananenschale füllen, Deckel schließen (nicht darauf drücken!) und in waagerechter Position im Gefrierschrank einfrieren (ca. 4-5 Std).
Zu servieren ist das Bananenparfait in gefrorenem Zustand (in eigener Schale). Zu empfehlen ist, das Parfait ca. 30 Min vorher aus dem Gefrierschrank herauszunehmen und in den Kühlschrank zu stellen.

Claudia und Albert Erdrich, Bad Homburg:

MÁLAGA-CRÈMEEIS MIT INGWER-SCHOKOLADENSAUCE

Zutaten:

für das Eis:

30 g Rosinen
2 cl Rum
4 cl Malaga
200 g Sahne
50 g Puderzucker

für die Sauce:

50 g Bitterschokolade
100 g Sahne
frischer Ingwer
2 TL Kräuterlikör

Zubereitung:

Wenn die Rosinen groß sind, sollten sie halbiert werden, damit sie besser die Flüssigkeit aufnehmen. In Rum und Málaga über Nacht, besser noch einen Tag lang, marinieren.
Die Sahne halbsteif schlagen, den Zucker einrieseln lassen, steif schlagen. Die Rosinen mit der Flüssigkeit nach und nach unter die Sahne heben. Die Masse in ein Metallgefäß geben, im Tiefkühlfach gefrieren lassen; dabei alle 30 Min vorsichtig aufrühren, damit sich keine groben Eiskristalle bilden und die Masse cremig wird.
Sauce:
Die Schokolade mit der Sahne auf kleiner Flamme schmelzen. Ein walnußgroßes Stück Ingwer schälen, feinreiben und zur Schokolade geben. Mit 2 TL Kräuterlikör würzen.
Warm über das portionierte, auf gekühlten Tellern angerichtete Eis geben.
Dazu passen Waffelröllchen.

Edith Fabry, Villingen:

TRAUBENPARFAIT MIT GEWÜRZTRAMINER

Zutaten:

3 Eigelb
50 ccm Gewürztraminer
75 g Zucker
1 Eiweiß, steifgeschlagen
1 EL Zucker
¼ l Schlagsahne
das Innere einer Vanillestange
3 EL Gewürztraminer-Marc
150 g Trauben
Kakaopulver
4 Souffléförmchen

Zubereitung:

Die Trauben schälen, halbieren, entkernen und in Marc einlegen, abdecken und beiseite stellen.
Eigelb, Wein und Zucker im Wasserbad aufschlagen, bis die Masse hellgelb und schaumig ist (auf die Temperatur achten, die Masse darf nicht zu heiß werden). Herausnehmen und weiterschlagen, bis die Masse abgekühlt ist. Die Eiweiß mit dem Zucker mischen und zu einer glänzenden Masse aufschlagen. Die Souffléförmchen mit Klarsichtfolie auslegen und ins Tiefkühlgerät stellen.
Trauben abgießen, Marc auffangen, Sahne steifschlagen, den Marc und die Vanille beifügen und mit dem Eischnee locker unter die Eimasse ziehen. Die Förmchen zur Hälfte mit Creme füllen, einige Trauben einlegen und 30 Min ins Gefriergerät stellen. Danach mit Creme auffüllen und nochmal 2 Std gefrieren lassen. Die restlichen Trauben als Garnitur vorsehen.

Förmchen stürzen, mit Kakaopulver bestreuen, mit den Resten der eingelegten Trauben garnieren.
Je nach Größe der Souffléförmchen reicht diese Menge für 4-6 Förmchen.

Anmerkung:

Das Rezept kann auch variiert werden: Statt einem Gewürztraminer nehme man einen elsässischen Muskat und statt des Gewürztraminer-Marc dann eine Grappa di Moscato.

Wolfgang Hanisch, Augsburg:

MUSKATNUSSPARFAIT UND ERDBEER-RHABARBER-KOMPOTT

Zutaten:

für das Parfait:

4 Eigelb
70 g Zucker
1/4 l süße Sahne
geriebene Muskatnuß

für das Kompott:

250 g Rhabarber
250 g Erdbeeren
100 g Zucker
1 Zimtstange
1/2 Vanillestange
1 Zitrone

Zubereitung:

Eigelb und Zucker in einen Schneekessel geben. Im heißen Wasserbad zu einer Sabayon aufschlagen. Den Schneekessel in das vorbereitete Eiswasser stellen und weiterrühren, bis eine dicke, cremige Masse entstanden ist. Muskatnuß hineinreiben und die Creme damit sehr kräftig würzen.
Sahne steif schlagen und vorsichtig unter die Masse heben. In eine Form füllen und über Nacht gefrieren lassen.
Am nächsten Tag die Form stürzen und das Parfait in Scheiben schneiden. Mit dem Erdbeer-Rhabarber-Kompott anrichten.

Kompott:

Die Erdbeeren säubern und vierteln. Den Rhabarber schälen und in 2 cm dicke Scheiben schneiden. Die Hälfte des Zuckers über die Erdbeeren, die andere Hälfte über den Rhabarber streuen. Den Zitronensaft ebenfalls über die Früchte geben und 1 Std Saft ziehen lassen. Alles zusammen mit der Zimtstange und dem Mark der Vanillestange kurz aufkochen und anschließend abkühlen. Das Kompott 6 Std durchziehen lassen.

Barbara Lersch-Schumacher, Aachen:

AACHENER PRINTENPARFAIT MIT ZWETSCHGENMUS

Zutaten:

1 Aacherner Kräuterprinte à ca. 250 g
1 Tasse Milch
0,1 l Cognac
0,25 l Schlagsahne
etwas Zucker
Pfeffer
4-5 Eigelb
100 g Honig
1 kg Zwetschgen
3 EL Zucker
Nelkenpulver

Piment
Pfeffer aus der Mühle
Zimt
0,1 l Zwetschgenwasser

Zubereitung:

Am Vortag die Printe in eine Schüssel bröckeln, mit Milch und Cognac begießen, durchweichen lassen, evtl. von beiden Flüssigkeiten nachgießen, bis man daraus mit Hilfe von Gabel, Holzlöffel oder Mixer ein Gemisch von breiiger Konsistenz herstellen kann. Nelkenpulver, im Mörser zerstoßene Korianderkörner, Pfeffer aus der Mühle zufügen, gut durchmischen. In einem Topf mit dickem Gußeisenboden bei kleinster Gasflamme Eigelbe mit dem Schneebesen schaumig schlagen, einen Schluck Cognac angießen und peu à peu mit dem Honig verrühren. Topf vom Gas nehmen und die Eierhonigmasse zuerst mit dem Printenbrei und danach mit der aufgeschlagenen leicht gezuckerten Sahne vermischen, abschmecken. In ein eisfachtaugliches Gefäß füllen und ins Gefrierfach geben. Zwetschgen waschen und entsteinen, in einem Gußeisentopf mit Zucker, Pfeffer, Nelken, Piment und Zimt zu einem groben Kompott, das man in Österreich Röster nennt, einkochen. Zum Schluß das Zwetschgenwasser einrühren. Ebenfalls einen Tag durchziehen lassen. Das Parfait etwa 10 Minuten vor dem Verzehr aus dem Gefrierfach nehmen, mit dem Zwetschgenmus anrichten und mit einem gekühlten roten Porto zu Tisch bringen. Außerhalb der Zwetschgensaison kann man das Mus durch in gewürztem Rotwein eingelegte Trockenpflaumen ersetzen. Auch verträgt sich das – in diesem Fall etwas milder gewürzte – Aachener Printenparfait vorzüglich mit selbstgepflückten Waldbeeren.

Gesina Limbach, Heidelberg:

VANILLEPARFAIT MIT FRISCHEN LIMETTEN-ERDBEEREN

Das Parfait bereite ich am Vortag zu.
Ich rühre 6 Eigelb mit 125 g Zucker im Simmertopf schaumig und füge das Mark einer ganzen Vanilleschote zu. Ich rühre solange, bis die Masse dicklicher und cremig wird. Nun füge ich einen EL Double Crème de Pêche hinzu und lasse die Masse etwas abkühlen.
½ süße Sahne steifschlagen und untermischen. Die Masse fülle ich in eine gläserne Kastenform und stelle sie ins Gefrierfach. Vor dem Servieren tauche ich die Form kurz in heißes Wasser und stürze das Parfait. Mit einem in heißes Wasser getauchten Messer lassen sich so schöne Scheiben abschneiden. Die frischen Erdbeeren mariniere ich grundsätzlich in Limetten- oder Zitronensaft, so kommt deren Aroma noch stärker zur Geltung. Mit Puderzucker bestäuben.

Wilhelm Schramm, Itzgrund:

BASILIKUMGLACE AUF ERDBEERSAUCE

Zutaten:

2 Tassen Milch
1 Bund frisches Basilikum
1 Tasse Zucker
4 Eigelb
½ Vanilleschote
4 Handvoll Erdbeeren
4 Spitzen Pfefferminzkraut
2 cl Portwein

Zubereitung:

Für die Glace die Milch mit der aufgeschnittenen Vanilleschote und dem gewaschenen, grob gehackten Basilikum aufkochen. Topf vom Herd nehmen und die Milch zugedeckt zehn Min ziehen lassen. Das Eigelb und den Zucker in einer Schussel mit dem Schwingbesen zu einer dicken Creme schlagen (nicht mit dem Mixer, die Masse soll cremig und nicht schaumig sein). Die Milch (Vanilleschote entfernen) noch einmal aufkochen lassen und langsam zu der Ei-Zuckercreme geben. diese Mischung zurück in den Topf geben und unter ständigem Rühren mit einem Holzlöffel erhitzen und zur Rose bringen (anbinden). Die Creme dann durch ein feines Sieb passieren und abkühlen im Eiswasser. In die Glacemaschine geben und gefrieren. Wer keine Glacemaschine hat, kann die Masse in eine Glasschüssel geben, ins Eisfach des Tiefkühlers stellen und alle 10 Min mit dem Pürierstab durcharbeiten, bis das Eis fest ist.

Die Erdbeeren säubern und mit dem Pürierstab zu einem Mus verarbeiten. 2 cl Portwein dazugeben und einen TL Zucker, dann erhitzen.

Anrichten:

Die Erdbeersauce auf Teller geben, darauf dann zwei Kugeln Glace mit einem Blatt Pfefferminze.

Anna-Franziska von Schweinitz, Neuwarmbüchen:

MOHNPARFAIT MIT HOLLUNDERSAUCE

Im Wasserbad 6 Eigelb mit 1 EL Honig und 60 g Zucker schaumig rühren, 1 aufgeschnittene Vanillestange und 40 g gemahlenen Mohn zugeben, mit ¼ l Rahm und ¼ l Milch abschlagen, bis die Creme dicklich wird. Bevor das Eigelb gerinnt, aus dem Wasserbad nehmen und auf Eiswürfeln unter Rühren kühl werden lassen. Masse im Gefriergerät mindestens 6 Std lang gefrieren lassen, dabei immer wieder umrühren.
20 Min vor dem Servieren antauen lassen.
Farblich wäre Hagebuttenmark die richtige Unterlage. Da es in unserer Küche aber so unterrepräsentiert ist, dicke ich
150 ml Hollundersaft mit 1 TL Mondamin an, nachdem ich ihn vorher mit Zitrone, etwas Apfelsaft, Rotwein und kleinen Schnitzen von sauren Äpfeln abgeschmeckt habe. Mohnparfait auf Tellern anrichten, mit Hollundersauce umgießen.

Vera von Zastrow-Elçi, Düsseldorf:

KOKOSFLAN MIT RUM-ANANAS

Zutaten:

10 g Butter
50 g Kokosraspeln
350 ccm Schlagsahne
Mark von 1 Vanilleschote
3 Eier (Kl. 2)
1 EL Honig
Salz

Rum-Ananas:

1 mittelgr. Ananas
(400-500 g netto)
250 ml weißer Rum
125 g heller, neutral schmeckender Honig

Zubereitung:

4 Förmchen mit Butter ausfetten und mit Kokosraspeln ausstreuen. Die restlichen Kokosraspeln mit Sahne und Vanillemark erhitzen. Eier, Honig und Salz verschlagen, heiße Kokosmilch nach und nach unterrühren. Eiersahne in die Förmchen gießen, diese auf die Saftpfanne setzen, in den vorgeheizten Backofen bei 175° auf mittlere Schiene einschieben. 2 l heißes Wasser in die Saftpfanne gießen, 45 Min garen. Den Flan in den Förmchen erkalten lassen, auf je einen Dessertteller stürzen. Mit Rum-Ananas anrichten. Rum-Ananas: Ananas schälen, das feste Innere herausschneiden, in gleichmäßige mundgerechte Stücke schneiden. Rum und Honig miteinander verrühren, Ananas mit dem Gemisch bedecken, mind. 6 Std im Kühlschrank durchziehen lassen. 4-5 Stücke pro Flan portionieren, den Rest bei anderer Gelegenheit verwenden.

Anmerkungen:

Für den Flan ist es nicht erforderlich, frische Kokosnuß zu verwenden. Im Verhältnis zu benötigten Menge ist der Aufwand mit einer frischen Kokosnuß zu groß. Wichtig: die Verwendung von Kokosraspeln aus einer frisch geöffneten Tüte.

Johannes B. Bucej, München:

THYMIAN-HONIG-PARFAIT AUF WALNUSS-CALVADOS-CARAMEL ZU GEDÜNSTETEN APFELSPALTEN

Zutaten:

1½-2 Bund frischen Thymian
½ l Schlagsahne
4 Eigelb
3 EL dunklen aromatischen Waldhonig
2 Äpfel
¼ l Weißwein
1 Nelke
1 TL abgeriebene Zitronenschale
2 EL Zucker
50 g gehackte Walnüsse
¼ l Apfelsaft
Zucker
4 cl Calvados

Zubereitung:

Von 1½-2 Bund Thymian die Blättchen von den Stielen streifen und in ½ l Sahne in einer Kasserolle zum Kochen bringen. Den Topf vom Herd ziehen und die Sahne 20-30 Min ziehen lassen. Inzwischen Honig mit Eigelb schaumig

rühren. Die noch heiße Thymiansahne dazugeben, alles gut durchrühren, in die Kasserolle zurückfüllen und bei milder Hitze zum Kochen bringen. Etwa 5 Min leise kochen lassen, bis eine Crème entsteht, die Rillen zieht, wenn man mit dem Holzlöffel drüberstreicht (»zur Rose abziehen«). Durch ein Sieb passieren, die Thymianblättchen dabei gut ausdrücken. Die Crème etwas abkühlen lassen. In eine Kastenform füllen und für mindestens 6 Std ins Gefriergerät geben (oder in die Eismaschine füllen – ist auf jeden Fall vorzuziehen). Wenn man auf ein Gefrierfach ausweichen muß, muß die Crème alle zwei Stunden mit einem Schneebesen durchgerührt werden, um die Eiskristalle zu zerkleinern. Im allgemeinen genügt es, diese Prozedur 2-3mal zu wiederholen.
Für das Dessert 2 Äpfel schälen, das Kerngehäuse entfernen und die Früchte in Spalten schneiden. In einem kleinen Topf ¼ l Weißwein, 1 Nelke, 1 TL geriebene Zitronenschale und 2 EL Zucker erhitzen, die Apfelspalten hineingeben und etwa 5 Min dünsten. Dann abkühlen lassen. Den Boden einer schweren Pfanne mit Zucker bedecken und den Zucker zu goldbraunem Karamel schmelzen, Apfelsaft hinzufügen und kochen lassen, bis sich der Karamel wieder gelöst hat. Calvados und 50 g gehackte Walnüsse hinzufügen und den Karamel noch etwas einkochen lassen. Vier Dessertteller vorbereiten, auf jeden einen Spiegel von Walnuß-Calvadoskaramel gießen, die Apfelspalten dekorativ anrichten und alles mit ein oder zwei Kugeln Thymian-Honig-Parfait garnieren. Nach Belieben mit ein paar Thymianblättchen dekorieren.

Peter-Andreas Hans, Berlin:

CANTUCCINI-AUFLAUF UND ORANGENEIS MIT MOCCASAUCE

Zutaten:

für den Auflauf:

400 g Cantuccini (heißt manchmal auch Biscotte fiorentine)
4 Eier Größe 3
50 g Butter
4 cl Vin santo
etwas Speisestärke (ca. 1 gehäufter EL)
geriebene Zitronenschale
1 TL Puderzucker
100 g Mandelspäne
Butter für die Form

für das Orangeneis:

3 Eigelb
110 g Zucker
150 ml Schlagsahne
180 ml Milch
1 unbehandelte Zitrone
2-3 unbehandelte Orangen

für die Moccasauce:

¼ l Schlagsahne
100 g Kaffeebohnen
3 Eigelb
etwas Zucker

Zubereitung:

Das Cantuccini im Cutter zu Grieß zerschlagen, je feiner desto besser. Mit Vin santo und der verflüssigten Butter verrühren. Es muß sich eine dicke vollständig feuchte Masse bilden, andernfalls gibt man weiter flüssige Butter hinzu. Nun 4 Eigelb und etwas Speisestärke (1-2 TL) hinzufügen. Mit Zucker und abgeriebener Zitronenschale abschmecken.
Eine Puddingform buttern und mit den Mandelspänen ausstreuen.
Anschließend Puderzucker und die 4 Eiweiße verrühren und zu einem steifen Schnee schlagen. Diesen vorsichtig unter die Cantuccinimasse heben, alles in eine mit Deckel verschließbare Puddingform geben und ca. 45 Min im Wasserbad erhitzen (Backofen bei 110°).

Das Eis wird bei mir aus einer immer gleichen Basismasse und einer Aromazutat hergestellt: 70 g Zucker und 3 Eigelb zu einer sehr steifen, fast weißen Masse schlagen, diese mit der Sahne und der Milch verrühren. Orangen und Zitrone dünn schälen und sämtliches weißes Bindegewebe aus den Schalen wegschneiden. Die dünnen farbigen Schalen zu feinsten Julienne zerschneiden und mit den ausgepreßten Säften der Citrusfrüchte zum Kochen bringen. 40 g Zucker hinzufügen und Flüssigkeit verkochen, bis der Zucker den weichen Ballgrad angenommen hat. Basismasse und Aromazutat auskühlen, vermengen und in die Eismaschine geben. (Fertig je nach vorhergehender Kühlung nach 30-60 Min.)
Sahne und Kaffee-Bohnen zum Kochen bringen, anschließend auf kleinster Flamme 15 Min ziehen lassen. Durch ein Sieb geben und aromatisierte Sahne mit den Eigelben zur Rose aufschlagen, mit Zucker abschmecken.

Anrichten:

Auflauf während der Saucenherstellung auf den Herd stellen, um ihn wieder etwas lauwarm werden zu lassen. (Er schmeckt nach einem Tag besser als frisch gekocht.)
In Scheiben schneiden, auf einem großen Teller mit dem Eis und wenig Sauce anrichten. Teller mit wenig Kakao bestäuben und mit roten, weißem und grünen Hagelzucker verzieren.
Dazu: Vin santo.

REGISTER

Aachener-Printen-Parfait 185
Apfel-Soufflé, Himbeerpüree 180
Apfelkuchen, mit Walnüssen 177
Apfelstrudel 52
Auberginensoufflé 172
Avacado-Krabben-Salat 74

Bananen, gebraten 180
Bananenparfait in der Schale 183
Basilikum-Glace, Erdbeersauce 187
Billes des Dieux 111
Birnen in Burgunder 68
Birnenstrudel 176
Borschtsch mit Maultäschle 92
Brennesselsuppe 88
Buchweizen-Pfannkuchen 60
Buchweizen-Soufflé, Mandelsauce 182

Cantuccini-Auflauf 189
Castagnaccio 174
Consommé von Steckrübe 94

Dorade im Lorbeerbett 114

Eisgugelhupf 42
Entenbrust auf Sauerkraut 135
Entenbrust in Portweinsauce 142
Entenbrust mit Limonen 141
Entenkraftbrühe mit Ravioli 36
Entenleber (Mousseline) 84
Entenparfait 83
Erdbeeren mit Stippmilch 178

Fasan (Fagiano Arrosto) 139
Fasanenbrust mit Chicorée 143
Fazzoletti mit Zander, Oliven, Tomaten 104
Festtagssuppe mit Nockerln 97
Fisch („Fricasée du Soleil") 119
Fisch Süß-Sauer à la Kanton 132
Fischterrinen, Komposition 78
Fladenbrot, toskanisches 169
Forellen, Barnstedter 117
Forellenfilet mit Schmandkuchen 106
Frischlingsrücken mit Spitzkohl 156
Früchte auf Quark, mariniert 60
Frühlingslauch-Gnocchi 169
Frühlingszwiebelsuppe 96

Gänsebrust, gepökelt 146
Garnelen mit Bohnen und Muscheln 107
Gelbe-Rüben-Zitronensuppe 91
Gnocchi (Quark und Spinat) 64
Goldbrasse mit Schnittlauchsauce 129
Granatapfelgelee 179
Gurkensalat mit Ingwer 170

Hase satt 160
Hasenragout (Dippehas) 159
Hecht mit Brennesselpüree 120
Hechtmousse und Hummer in Wirsing 123
Hechtrolle auf Safran 46
Hechtsoufflé mit Schnecken 122
Heilbutt auf Avocadocrème 118
Heringsfilets mit Curryzwiebeln 78
Herrentorte 174
Hirnravioli 113
Hirnsuppe 93
Hirschkeule, Ragout 156
Holunderbeeren mit Griessklößchen 175
Hühnerbrust nach Römer Art 139
Hühnerfond 168
Hühnerleber (Crostini) 109
Huhn (Coq au Vin) 144
Huhn auf die Art der Bresse 136
Huhn in Oliven 141
Huhn, orientalisch 137
Hummer im Linsensud 120
Hummer mit Gurken 131

Ingwer-Lauch-Suppe 18

Jakobsmuscheln (Raviolo) 108
Jakobsmuscheln in Mangold 38

Käsepastetchen 100
Kaiserschotensuppe 91
Kalbfleisch in Thunfischsauce 82
Kalbfleisch, eingemachtes 148
Kalbsbries (Tortellini) 111
Kalbsbrust, gefüllt mit Leber und Rosinen 151

Kalbshaxe (Osso Bucco) auf Mailänder Art 150
Kalbshaxe mit Orangensauce 150
Kalbsmedaillons mit Bries-Nierensauce 149
Kalbsniere in Gin und Wacholder 149
Kalbszunge (in Rahmsuppe) 54
Kalbszunge in Sherrygelee 81
Kaninchen in Olivensauce 162
Kaninchen in Wildbeize 161
Kaninchen, geschmortes 58
Kaninchen, Pot-au-Feu mit Morcheln 162
Kaninchenfilet mit Ingwerkruste 158
Kaninchenläufe mit Linsen 157
Karamel-Köpfchen 181
Karottencrèmesuppe 28
Karottensuppe mit Ingwer 87
Kartoffel-Rote Bete-Rauke-Salat 74
Kartoffelplätzchen 32
Kartoffelpüree mit Olivenöl 170
Kartoffelsuppe 87
Kokosflan mit Rum-Ananas 188
Krabben auf Blattspinat 117
Krabbenmousse (Boudins) 103
Kräuterblättchen in Nudelteig 101
Kraftbrühe, doppelte, mit Tafelspitz 95
Kürbissuppe 92

Lachs (Miniquiches) 104
Lachs und Zander im Blätterteig 115
Lachsforelle, gefüllt 114
Lachsmousse auf Gurkenmeer 79
Lachsschaum mit Estragon 56
Lamm-Curry 167
Lammbrühe mit Graupen 93
Lammcarré mit Meerrettich 166
Lammhaxe (Sülze) 84
Lammhirnterrine 110
Lammkeule in Kräuter-Zimtkruste 164
Lammrolle mit Kräuterfüllung 164
Lammrücken mit Rosmarin-Glace 48
Lammspalier mit Kräuterkruste 165
Lammstelzen 166
Lammzunge mit Spargel 112

Langustinos im Kohlmantel 128
Linsen (mariniert, mit Lammfilet) 108
Linsengemüse 32
Linsensalat mit Putenleber 72
Lotte mit Sauerampfer 132
Lotte und Steinbutt im Gemüsesud 118

Maisplätzchen 22
Makrele mit Basilikum 79
Málaga-Crèmeeis 184
Malakoff-Torte mit Mokka 175
Mangold mit Morchelsauce 66
Mangoldbällchen 22
Meeresfrüchtegratin 107
Milchzicklein mit Zuckerschoten 163
Möhren-Dessert (Halwa Gadschar) 179
Möhrenplätzchen 58
Mohnparfait mit Hollundersauce 187
Mousse au Chocolat 182
Muscheln au Gratin 105
Muskatnuß-Parfait 185

Nudeln, gebraten, mit Zimt und Zucker 177

Ochsenfilet mit Sherry-Schalotten 151
Ochsenfilet, pochiert, mit Meerrettich 152
Ochsenschwanz-Ragout 66
Ochsenschwanzsuppe 90
Ofenschlupfer mit Apfelkaramel 178
Orangenwirsing 48

Paprika-Flan 173
Pastete (Ente) 86
Pastete (Leber) 85
Pastete mit Kräutern 62
Perlhuhn mit Noilly-Prat 145
Perlhuhn mit Portweinsauce 136
Perlzwiebeln-Karotten-Lauch-Gemüse 102
Petersilienwurzelsoufflé 40
Pferdegulasch mit Backpflaumen 154
Pilzsuppe 89
Piroschki 100

Pizza al Gorgonzola 101
Poularde in Rosmarinsauce 138
Pralinen, weiße und dunkle 180
Pute nach Arcimboldo-Art 134
Putenbrust orientalisch 137

Quarksoufflé mit Quitten 26

Ratatouille 170
Raukesalat mit Kalbsschnitzel 75
Rehfilet, pochiert, 155
Rehfond 168
Rehkeule mit Sanddorn-Sauce 155
Rehkitzkeule auf Hagebuttensauce 22
Rehrücken mit Rahmsauce 154
Rindfleisch (gepökelt) mit 3 Saucen 153
Rindfleisch, Gascogner Art, mit Pilzen 152
Rindsfiletbraten 40
Risotto (Safran-Pilz) 171
Rochenflügel (Strudel, mit Mangold) 105
Rösti à la Minute 172
Rote-Bete-Suppe 88

Salade Niçoise 74
Sauerampfersuppe (Täschchen) 96
Sauerampfersuppe 88
Sauerampfersuppe mit Markklößchen 94
Schafskäsesuppe 99
Schalotten Bagna Cauda 173
Schneckensuppe 92
Schweinebraten mit Zitrone und Knoblauch 147
Schweinerippchen, Böhmische Art 147
Seeteufel in Ingwer 124
Seeteufel und Hummerkrabben 115
Seezunge auf Rote Bete 127
Seezunge mit Sauce Hollandaise 124
Selleriecrèmesuppe 89
Serviettenknödel 48
Sorbet (Tomaten-Joghurt) 85
Spanferkel mit Bierkruste 148
Spargel-Morcheln-Salat 73

Steinbutt mit Safransauce 121
Steinbuttfilet mit Sauerkraut 30
Steinpilzravioli 20
Steinpilztranchen, gebraten 172

Tauben mit Brennesselmousse 140
Tauben mit Oliven und Knoblauch 134
Taubenbrust auf Beaujolais-Spinat 143
Taubensuppe 44
Thunfisch-Topf 130
Thymian-Honigparfait 188
Tintenfisch mit Kaviar 126
Tintenfisch-Scampi-Salat 72
Tomatenmousse mit Basilikum 76
Topinambur-Suppe 96
Träubleskuchen 175
Traubenparfait mit Gewürztraminer 184
Trüsche mit Kräutersauce 127

Vanilleparfait 186

Waldbeeren mit Mascarpone 34
Waller-Fricassée 125
Weiße Bohnen 171
Wildente 32
Wirsingbällchen 169
Wirsingkartoffeln 58
Wirsingsuppe mit Curry 97
Wolfsbarsch auf Petersiliensauce 130

Zander (Fogosch) mit Blattspinat 125
Zander in Zitronenbutter 116
Zandergelee 80
Zickleinleber mit Linsen 109
Ziegenkäse mit Kürbis 77
Ziegenkäse mit Oliven 77
Zungensülze 83